国土空间规划与土地生态修复研究

杨本固　薛晓妮　王　月　主编

广东旅游出版社
GUANGDONG TRAVEL & TOURISM PRESS
悦读书·悦旅行·悦享人生
中国·广州

图书在版编目（CIP）数据

国土空间规划与土地生态修复研究 / 杨本固，薛晓妮，王月主编. -- 广州 : 广东旅游出版社，2025. 3.
ISBN 978-7-5570-3585-3

Ⅰ. F129.9; F321.1

中国国家版本馆 CIP 数据核字第 20252T51D8 号

出 版 人：刘志松
责任编辑：魏智宏　黎　娜
封面设计：周书意
责任校对：李瑞苑
责任技编：冼志良

国土空间规划与土地生态修复研究
GUOTU KONGJIAN GUIHUA YU TUDI SHENGTAI XIUFU YANJIU

广东旅游出版社出版发行
（广东省广州市荔湾区沙面北街 71 号首、二层）
邮编：510130
电话：020-87347732（总编室）　020-87348887（销售热线）
投稿邮箱：2026542779@qq.com
印刷：廊坊市海涛印刷有限公司
地址：廊坊市安次区码头镇金官屯村
开本：710 毫米 × 1000 毫米　16 开
字数：190 千字
印张：10.75
版次：2025 年 3 月第 1 版
印次：2025 年 3 月第 1 次
定价：48.00 元

编委会

前　言

国土空间规划与土地生态修复是当前我国推进现代化建设、生态文明建设、乡村振兴和城乡融合发展的重要组成部分。随着社会经济的发展和资源环境压力的加剧，如何在有限的国土空间内实现自然安定和谐与资源供给安全，成为我国自然资源管理面临的最大挑战。在此背景下，国土空间规划与土地生态修复研究显得尤为重要，其不仅关系到国土资源的可持续利用，还直接影响到生态环境保护和人类生存质量的提升。

国土空间规划作为指导和调控国土空间开发和保护的重要手段，旨在优化国土空间布局，提升国土空间利用效率，保障国家安全和可持续发展。它综合考虑了人口、资源、环境、经济和社会等多方面因素，通过科学合理的规划布局，实现国土空间的高效利用和有效治理。然而，单纯的国土空间规划并不能完全解决当前面临的资源环境压力，必须结合土地生态修复，才能实现真正的可持续发展。

土地生态修复是指利用整理、开发、修复、治理和保护等一系列手段，对受损的土地生态系统进行修复和重建，恢复其生态功能，提高资源利用效率，改善环境质量。在国土空间规划的指导下，土地生态修复工作能够更有针对性地进行，通过科学规划、合理布局和有效治理，实现土地资源的可持续利用和生态环境的改善。

本书是一本探究国土空间规划与土地生态修复的专业图书，以国土空间规划与土地生态修复为主题，深入探讨了国土空间规划的理论基础、编制实施等方面的内容，同时详细分析了土地整治和矿山生态修复的策略与实践，旨在为实现国土空间的可持续利用和生态环境的修复提供科学指导和实践参考。

本书的出版为国土空间规划与土地生态修复领域提供了系统的理论和实践指导；增强了公众对国土空间规划和土地生态修复重要性的认识，提升了社会对可持续发展的关注度。在未来的发展中，我们需要更加注重国土空间规划与土地生态修复的有机结合，加强规划的科学性和可操作性，推动相关政策的落实和执行。同时，还需要加强科技创新和人才培养，提高国土空间规划与土地生态修复的技术水平和实施效果。只有这样，我们才能在有限的国土空间内实现自然安定和谐与资源供给安全，为美丽中国建设贡献力量。

目 录

第一章　国土空间规划发展概述

第一节　空间规划的发展演变进程

一、中国空间规划发展演变的总体历程

空间规划作为指导和调控国土空间开发、保护、修复活动的公共政策与重要手段，其发展历程与中国经济体制和社会治理模式的变革紧密相连。从计划经济时期到市场经济时代，中国空间规划经历了从国家主导、高度集中向多元参与、灵活调整的转变，其内涵与功能也随之不断丰富和完善。

(一) 计划经济时期 (1949—1977 年)

1. 背景与特征

中华人民共和国成立初期，面对百废待兴的局面，为了迅速恢复国民经济并推进工业化进程，中国选择了计划经济体制作为经济发展的基本模式。这一体制强调国家在经济活动中的主导地位，通过指令性计划和行政命令来配置资源，确保国家发展战略的实施。在这个背景下，空间规划作为国民经济和社会发展计划的空间落实，成为国家治理的重要组成部分。

2. 空间规划的类型与实施

在计划经济时期，空间规划的类型以区域规划和城市规划为主。区域规划侧重于宏观层面，旨在根据国家发展战略和区域资源禀赋，合理安排生产力布局，促进区域均衡发展。城市规划则更侧重于城市内部空间结构的优化，确保城市建设与国家工业化、城市化战略相协调。这些规划类型共同构成了国家空间治理的基本框架。

国家通过制定详细的五年计划，对资源和生产力进行全局性的配置和布局，空间规划成为落实这些计划的重要工具。在这一过程中，国家不仅主宰着城乡空间的发展路径，还通过各级政府和集体组织掌控着城乡空间的所

有权和使用权，确保了空间规划的有效实施。

3. 功能与影响

计划经济体制下的空间规划，其核心功能在于单向被动地落实国民经济计划，即在城乡空间中绘制国民经济和社会发展计划的蓝图。这种规划模式虽然能够迅速集中资源，推动重点项目的建设，但也存在忽视市场需求、抑制地方积极性和创新能力的弊端。城乡空间的发展往往呈现出高度的计划性和同质性，缺乏足够的灵活性和多样性。

此外，由于权力高度集中于中央，地方政府和集体组织在空间规划中的参与度有限，规划实施过程中可能出现与地方实际情况脱节的问题。同时，严格的户籍制度和城乡分割政策也限制了人口和资源的自由流动，进一步加剧了城乡发展的不均衡。

(二)“双轨制”并存时期(1978—1992年)

自中华人民共和国成立以来，中国的空间规划经历了复杂而多变的发展演变过程。在这一历程中，“双轨制”并存时期(1978—1992年)是一个重要的阶段，此阶段的空间规划体系表现出了集权和分权相互交织的独特特征。

1. 集权—分权交织的规划体系背景

改革开放初期，中国开始从计划经济体制向市场经济体制过渡，但市场经济体制尚未完全成熟。因此，这一时期的国家治理体系呈现出独特的“双轨制”局面，即计划经济与市场经济并存。在这种背景下，国土空间规划体系也经历了深刻的变革。

2. 主要特征

(1) 集权特征

在计划经济时期，国家治理以国家的宏观调控为主，国土空间规划也延续了这一特点。在“双轨制”并存时期，国家的国土和区域规划仍然由计划部门牵头绘制。这些规划不仅体现了国家对国民经济发展的空间布局意图，还作为落实国民经济计划的重要手段。例如，在这一阶段，国家层面的区域规划和国土规划都强调了国民经济发展的空间布局策略。这些规划通过国家计划部门的主导，确保了国家经济发展的整体性和协调性。此外，计划部门还负责协调各地方的发展诉求，以确保国家整体发展战略的顺利实施。

(2) 分权特征

随着改革开放的深入推进，国家由上到下下发的计划性指令越来越少，地方发展有了一定的自由发挥空间。各个省市区域开始根据自身的发展需求编制本地的城市总体规划，这些规划不仅关注城市自身的发展，还注重与周边地区的协调与衔接。

地方层面的空间规划在“双轨制”并存时期得到了显著的发展。截至1988年底，全国的城市及县城总体规划基本编制完成。这些规划不仅反映了地方发展的实际需求，还体现了地方在经济发展、城市建设等方面的自主性和灵活性。此外，地方层面还纷纷启动了修规及各种专项规划的编制工作，以适应时代发展的需要。这些规划在内容上更加具体、详细，为地方的发展提供了有力的支撑。

(3) 集权与分权的交织与互动

“双轨制”并存时期，集权与分权在国土空间规划中相互交织、相互影响。一方面，国家层面的宏观调控确保了国家经济发展的整体性和协调性；另一方面，地方层面的自主性和灵活性则为地方的发展提供了更多的机会和空间。

这种集权与分权的交织与互动，不仅促进了国家经济的发展，还推动了地方层面的创新和发展。然而，随着市场经济的不断完善和深化，这种集权与分权的交织与互动也逐渐暴露出一些问题，如规划体系混乱、多规冲突等。

“双轨制”并存时期是中国空间规划发展演变中的一个重要阶段。在这一个阶段，集权与分权相互交织的规划体系为中国的经济发展提供了有力的支撑。

3. 主要成效

(1) 城市与县级区域规划的完成

截至1988年，中国已基本完成了城市和县级区域的整体规划工作。这些规划不仅覆盖了全国范围内的主要城市和地区，还针对各地不同的自然条件、经济基础和发展潜力，制定了差异化的空间布局和发展策略。这一时期，规划工作更加注重科学性、前瞻性和可操作性，为后续的城镇化进程和区域协调发展奠定了坚实基础。

(2) 沿海经济发达地区的先行探索

特别值得一提的是，一些沿海经济发达地区，如珠海、深圳等，凭借其独特的地理位置和政策优势，成为中国改革开放的前沿阵地。这些地区不仅迅速完成了基础的城市规划，还根据自身的快速发展需求和特殊挑战，编制了更为专业、细致的规划，如产业园区规划、港口物流规划等，这些探索为全国其他地区的空间规划提供了宝贵经验和示范效应。

(3)《中华人民共和国城市规划法》的颁布

1990年，随着《中华人民共和国城市规划法》的颁布实施，中国空间规划体系迈出了重要一步。这部法律不仅确立了城市规划的法律地位，还明确了规划的编制、审批、实施和监督机制，标志着中国初步形成了一个具有完整层级且以城市规划为主体的国家空间规划体系。这一体系的建立，对于促进城乡协调发展、保护生态环境、优化资源配置等方面发挥了重要作用。

(4) 土地利用规划的初步探索

与此同时，土地利用规划也开始在这一时期崭露头角，虽然其发展尚不成熟，影响力有限，但其作为空间规划的重要组成部分，对于合理利用土地资源、保障粮食安全、促进可持续发展等方面具有重要意义。随着后续相关法律法规的出台和完善，土地利用规划逐渐与城市规划等其他空间规划相衔接，共同构成了中国空间规划体系的基石。

(三)“增长主义”导向时期（1993—2013年）

在中国的现代化进程中，空间规划作为引导城乡发展、优化资源配置的重要手段，其发展历程深刻反映了国家发展战略、经济体制变革以及地方政府行为模式的演变。该时期，空间规划不仅成为支持经济增长的关键工具，也见证了地方政府角色与职能的重大转变。

1. “增长主义”导向时期的背景与特征

这一时期，中国经济正处于高速增长的黄金阶段，市场化改革不断深化，对外开放持续扩大，为经济的快速增长提供了强大动力。在此背景下，空间规划被赋予了新的使命——作为促进经济发展的重要支撑。地方城市总体规划、以控制为目的的进一步规划以及各类专业规划如雨后春笋般涌现，旨在通过科学合理的空间布局，为经济活动提供更加高效、便捷的环境。

然而，伴随着经济的高速发展，也涌现出了一系列非正式的、旨在突破法定和上位规划限制的“非法定规划”。这些规划往往由地方政府或利益集团发起，旨在绕过现有的规划框架，以实现更快速、更大规模的城市扩张和经济利益最大化。这一现象反映了在快速经济增长压力下，规划体系内部的张力与冲突。

2. 地方政府角色的转变与土地财政的兴起

1994 年实施的分税制改革，极大地改变了中央与地方政府的财政关系，使得地方政府在财政收入上面临巨大压力。为了弥补财政缺口，地方政府开始积极探索新的财源，其中土地财政成为一种重要且高效的手段。通过将土地作为最重要的税收对象，地方政府通过出让土地使用权、征收土地税费等方式，获得了高额的财政收入，为城市基础设施建设、公共服务提供以及经济项目落地提供了资金支持。

在这一背景下，地方政府在空间规划中的角色发生了显著变化。他们不再仅仅满足于作为规划的执行者，而是积极介入规划的编制与实施过程，力求通过超前规划、灵活调整等手段，最大化城市土地的经营价值。这种以土地为中心的发展策略，虽然短期内促进了城市面貌的快速改变和经济的快速增长，但也带来了诸如耕地保护压力增大、城市无序扩张、社会不公加剧等问题。

3. 土地利用总体规划的挑战与争议

在“增长主义”导向下，土地利用总体规划因其对城市扩张的限制，常常被视作经济增长的障碍。一方面，规划旨在保护耕地资源，维护国家粮食安全，限制无序的城市扩张；另一方面，地方政府为了吸引投资、促进经济增长，往往倾向于突破规划限制，追求更宽松的土地使用政策。这种矛盾导致了规划执行中的种种困难，也加剧了城乡发展不平衡和生态环境恶化的问题。

自 21 世纪初以来，中国的空间规划发展进入了一个复杂多变的“调控—刺激”反复期，这一阶段的特征表现为多规冲突、多元体系并存的现象日益凸显，对国家的空间治理提出了前所未有的挑战。面对这一背景，中国政府不断探索与改革，旨在构建一个高效、协调且统一的空间规划体系，以适应经济社会发展的新需求。

进入21世纪，随着经济的快速发展和城市化进程的加速，中国空间规划领域出现了多种规划并行的局面，包括土地利用规划、城乡规划、环境保护规划、主体功能区域规划等。这些规划虽各有侧重，但缺乏有效的协调机制，导致规划间存在重叠、冲突甚至矛盾，严重影响了规划的有效实施和资源的合理配置。

在此背景下，中央政府开始意识到构建统一空间规划体系的重要性。2013年，中共十八届三中全会的召开标志着中国空间规划体系改革进入了一个新的阶段。会议强调了建立国家空间规划体系的重要性，并提出了分级管理、有序衔接和全国统一的基本要求，为后续的规划整合与改革指明了方向。

(四)“多规合一”的试点与实践(2014年至今)

1. 起源与发展

2014年，国家发展改革委、国土资源部、环境保护部、住房城乡建设部联合开展市县“多规合一”试点工作，旨在推动经济社会发展规划、城乡规划、土地利用规划、生态环境保护规划等“多规合一”，形成一个市县一本规划、一张蓝图。

2015年，试点工作进入深入阶段，探索经济社会发展规划、城乡规划、土地利用规划、生态环境保护规划等“多规合一”的具体思路，研究提出可复制可推广的试点方案。

2017年，省级空间规划试点。国家印发《省级空间规划试点方案》，选取海南、河南、福建等9个省份作为试点，编制统一的省级空间规划。

2019年5月，中共中央、国务院发布《关于建立国土空间规划体系并监督实施的若干意见》，明确到2025年健全国土空间规划法规政策和技术标准体系。

2024年，25个省级国土空间规划已获国务院批复；在已批准的省级国土空间规划省份中，已批准市级总规195个，占全国的55%，已批准县级总规465个，占全国的21%；自然资源部和国家标准化管理委员会发布《国土空间规划标准体系建设三年行动计划（2025—2027年）》，推动“多规合一”改革不断深化；《长江经济带—长江流域国土空间规划（2021—2035年）》于2024年2月获国务院批复；国土空间规划“一张图”实施监督信息系统逐步完善，支撑国土调查、规划、用途管制等全过程在统一的平台上在线管理；自然资源部门建立健全规划实施监督体系，强化规划编制、审批、实施、监督的全生命周期管理。

2. 试点实践

（1）市县试点

各试点市县组织跨部门、跨领域的科研队伍，研究制定“多规合一”试点方案，探索实现“多规合一”的技术路径和具体内容。

（2）区域试点

长江经济带、京津冀、成渝地区双城经济圈、黄河流域、长三角等区域的国土空间规划陆续完成，支撑国家重大战略实施。

3. 技术应用

（1）信息平台

以国土空间规划“一张图”为基础，构建省域空间治理平台，实现“一库、一图、一箱、X场景”建设。

（2）数字化监管

推进国土空间规划实施监测网络建设试点，完善与数字化管理配套的新政策机制。

4. 成效

通过“多规合一”改革，国土空间规划体系更加统一和协调，提高了规划的科学性和可操作性，促进了经济社会与生态环境的协调发展。

二、中国空间规划发展演变的总体趋向

从上可见，我国的空间规划体系总体上经历了从以“一规”（国民经济和社会发展计划）为主，到“三规”（国民经济和社会发展规划、城乡规划、土地利用规划）鼎立、“多规”冲突，再到“多规合一”的演变过程。目前，我国仍处于完整、统一的空间规划体系建立的初级阶段。但从我国空间规划体系的变迁历程中，仍能够探寻我国空间规划体系变迁的总体趋向。

(一) 地位——从国家治理体系的相对边缘走向中心位置

在相当长的一段时期中，空间规划整体上处于我国国家治理体系中比较边缘的位置。在20世纪80年代到90年代初期，空间规划虽然受到国家层面(国土规划、区域规划)、地方层面(城市总体规划、详细规划等)的重视而得到较大的发展，但总体上仍深受计划体制的影响，仅扮演着“国民经济和社会发展计划的空间落实者”角色。而在20世纪90年代初到21世纪初，国家治理的主体思路还是促进地方的分权、竞争和发展，城市规划的主要功能是作为“地方增长机器”服务地方经济增长的目标，而非对空间资源的有效管控与集约利用；国家自上而下推动的土地利用规划，也只是对于市场主导经济增长所造成的资源过度消耗的一种被动响应，而不是积极有为地去引导地方发展模式的转型。

从20世纪中期至今，国家重新重视区域规划职能，除了传统延续的城乡总体规划、土地利用总体规划外，主体功能区规划、生态环境保护规划等多层次、多类型、空间覆盖度广的空间类规划一并出现，成为国家优化国土空间开发、治理转型的重要平台，标志着空间规划开始走向国家治理舞台的中央。空间规划逐渐从过去适应分权化、市场化需求的被动者角色，转向主动、积极有为地引导经济、社会、空间转型发展。2019年《中共中央、国务院关于建立国土空间规划体系并监督实施的若干意见》发布，标志着统一的空间规划体系顶层设计基本完成。未来我国的空间规划体系将在调节地方发展模式、应对市场的负外部性方面发挥更加有力的作用，并承担引领发展转型、推进国家治理体系和治理能力现代化的重任。

(二) 目标——从服务单一目标到多元目标的过程

中国空间规划的变迁是空间规划服务目标从单一转向多元的发展过程。从改革开放至20世纪90年代，空间规划主要服务于国民经济和社会发展计划，负责重大项目的落地，重点服务于国家意志的空间落实。在20世纪90年代到21世纪初，空间规划主要服务于地方增长联盟的政治、经济发展需要，以促进地方经济增长为主要目标。21世纪初期以后，空间规划服务目标的多元化趋势日益凸显。这一时期创新衍生出多种空间规划的类型，尤其以区域型规划为代表，诸如以优化国土空间开发为目标的主体功能区规划，以保护生态环境为目标的生态环境保护规划，以优化城镇统筹布局为目标的城镇体系规划，以区域城市间协调发展为目标的城市群规划、都市圈规划等。此外，国家批复的许多国家战略区域规划也都有明确的发展方向引导色彩，如《鄱阳湖生态经济区规划》《京津冀协同发展规划纲要》《苏南现代化建设示范区规划》等。这些规划类型的出现，不仅仅是空间有关部门的技术性创新，还是当国家经济社会发展面临复杂转型问题时，试图通过各种空间规划来进行积极响应和主动作为的体现。

（三）角色——从不断反复走向全面重构和规范化

空间规划体系本身作为政府治理体系的重要组成部分，难以摆脱中央与地方关系不断反复的冲击与影响。从改革开放初期延续中央集权体制，到20世纪90年代大力推动分权化，再到21世纪初中央的再集权化，空间规划的功能角色也从服务国家发展计划的工具，到服务市场和地方政府利益的增长工具，再到国家对地方发展实现战略引领、刚性管控的规制工具，总体上都是为适应经济社会发展的新需要，国家治理体系不断自我革新的过程。进入21世纪以后，空间规划体系逐渐成为中央与地方治理的重要抓手，在推进国家治理体系和治理能力现代化的战略目标下，通过对空间规划体系进行全面的重构，推动其成为规范化、制度化的空间管理工具。

（四）属性

1. 整体性

国土空间规划的一个显著发展趋势是其整体性的增强。这种整体性不仅体现在地理空间上的全覆盖，还包括了对不同领域、不同层级规划的综合考虑。国土空间规划不再仅仅是单一部门的任务，而是需要多部门协作，共同制定和实施。例如，城市规划、农业规划、生态环保规划等都需要在国土空间规划的框架下进行统筹协调，以实现资源的最优配置和空间的合理利用。

2. 战略性

国土空间规划的另一个重要发展趋势是其战略性的提升。随着全球化进程的加快和国内经济社会的快速发展，国土空间规划需要具备更强的前瞻性和战略性。这意味着规划不仅要解决当前的问题，还要预见到未来可能出现的趋势和挑战，并提前制定应对策略。例如，在面对气候变化、人口老龄化等长期挑战时，国土空间规划需要考虑如何通过合理的空间布局和资源配置，提高社会的韧性和可持续发展能力。

3. 时空性

国土空间规划的时空性特征也在不断演进。传统的规划往往更注重空间布局，而现代的国土空间规划则越来越强调时间和空间的双重维度。这包括对不同发展阶段的空间需求进行预测和规划，以及对空间资源的动态管理和调整。例如，在快速城市化的过程中，国土空间规划需要考虑如何通过合理的土地利用政策，引导城市有序扩展，避免无序蔓延和资源浪费。

4. 法治化

近年来，国土空间规划的法治化进程也在加速推进。为了确保规划的权威性和执行力，国家出台了一系列法律法规，明确了国土空间规划的地位和作用。例如，《中华人民共和国土地管理法》和《中华人民共和国城乡规划法》等法律文件，为国土空间规划提供了法律依据和保障。此外，各地也在积极探索建立和完善规划编制、审批、实施和监督的法治体系，以提高规划的科学性和公正性。

5. 科技化

随着科技的进步，国土空间规划的科技化程度也在不断提高。大数据、人工智能、遥感技术等现代信息技术的应用，使得规划的精度和效率大幅提升。例如，通过大数据分析，可以更准确地预测人口流动和产业发展趋势，从而为规划提供科学依据。同时，遥感技术的应用使得对自然资源和生态环境的监测更加及时和全面，有助于实现资源的可持续利用。

综上所述，国土空间规划的属性发展演变趋向主要体现在整体性、战略性、时空性、法治化和科技化等方面。这些趋势反映了国土空间规划在新时代背景下的新要求和新方向，也为未来的规划实践提供了重要的指导。

第二节　国土空间规划的内涵与属性

一、国土空间规划的相关概念

(一) 土地

1. 土地的内涵

在人类文明的长河中，土地始终扮演着至关重要的角色，它不仅是人类生存与发展的基石，也是自然生态系统复杂互动的舞台。尽管国内外学者对于土地概念的具体内涵尚存分歧，但普遍共识在于，土地远非一个简单的地理概念，而是一个集自然、经济、社会乃至文化于一体的复合系统。这一系统在其特定的时空框架下，通过气候、地貌、水文、植被等多个要素间的相互作用与依赖，形成了具有独特结构和功能的有机整体。

土地，作为地球表层最为活跃的物理、化学和生物过程发生的场所，位于岩石圈、水圈、生物圈、大气圈以及人类智慧圈的交会地带。这一独特的地理位置，使得土地成为连接地球各大圈层、支撑生命多样性与生态平衡的关键纽带。它不仅承载着自然界的物质循环与能量流动，还深刻影响着人类社会的经济活动、文化传承乃至价值观念。

在土地这一复合系统中，每一个组成要素都扮演着不可或缺的角色。气候决定了土地的热量与水分条件，影响着植被的分布与生长；地貌塑造了土地的地形地貌，影响着土壤的形成与分布；水文则是土地水分循环的核心，直接关系到生态系统的健康与稳定；而植被作为土地表面的主要覆盖物，不仅参与碳循环，还对维持生物多样性、调节气候具有关键作用。这些要素之间复杂而精细的相互作用，共同决定了土地的性质与用途，任何单一要素都无法独立决定土地的整体特性。

土地系统的整体性是理解其复杂性的关键。土地的性质与规律并非孤立地存在于某一要素之中，而是蕴含于所有要素之间的相互联系与动态平衡之中。这意味着，在管理和利用土地资源时，必须采取系统性的思维方法，综合考虑各要素间的相互影响，避免片面追求单一目标（如经济增长）而忽视对其他要素（如生态环境）的负面影响。

2. 土地的特征

(1) 不可再生性与有限性

土地是地球表面固定的自然综合体，其形成历经千万年，一旦消耗或破坏，便难以在短时间内恢复或替代。这种不可再生性决定了土地的珍贵和稀缺，要求我们必须珍惜每一寸土地，避免过度开发和浪费。

(2) 位置固定性与区域差异性

土地的位置是固定的，无法像其他资源那样进行空间上的移动。同时，由于气候、地形、土壤等自然条件的不同，土地在不同地区展现出显著的区域差异性，这种差异性影响了土地的使用方式和价值。

(3) 多功能性与兼容性

土地具有多种用途，如农业生产、城市建设、生态保护等，这些功能之间往往存在一定的兼容性与冲突。合理规划与管理土地，可以最大化地发挥其多重功能，促进经济社会全面发展。

(4) 生态系统服务性

土地是生态系统的重要组成部分，提供着诸如生产食物、调节气候、保持水土、维护生物多样性等多种生态服务。这些服务对于维持地球生态平衡和人类福祉至关重要。

(5) 社会经济属性

土地不仅是自然资源，也是重要的社会经济资产。土地所有权、使用权、价值等社会经济属性，深刻影响着土地资源的分配、利用和保护，以及社会经济的发展方向。

3. 土地的功能

(1) 农业生产功能

土地是农业生产的基础，为农作物生长提供必要的养分、水分和生长空间。通过合理耕作、灌溉、施肥等措施，土地能够持续产出粮食、蔬菜、水果等农产品，保障人类食物安全。

(2) 城市建设与居住功能

随着城市化进程的加快，土地成为城市建设和居民生活的重要载体。城市用地包括住宅、商业、工业、交通、公共设施等多种类型，为居民提供生活、工作、娱乐的场所，推动社会经济发展。

(3) 生态保护与调节功能

土地及土地上的植被能够吸收二氧化碳、释放氧气，调节局部气候，减少水土流失，保护生物多样性。自然保护区、森林、湿地等特定类型的土地，对于维护地球生态平衡具有不可替代的作用。

(4) 文化与休闲功能

土地承载着丰富的历史文化信息，古迹遗址、风景名胜区等土地资源不仅是文化遗产的重要组成部分，也是人们旅游观光、休闲娱乐的好去处，丰富了人们的精神文化生活。

(5) 能源与矿产资源开发功能

土地下蕴藏着丰富的矿产资源和可再生能源，如煤炭、石油、天然气等，这些资源的开发利用对于国家能源安全和经济发展具有重要意义。

(二) 空间

1. 空间尺度

空间尺度是指空间现象或过程所涉及的范围和层次。在国土空间规划中，空间尺度可以从宏观到微观进行划分，每个尺度都有其特定的关注点和规划要求。

(1) 宏观尺度

宏观尺度通常涉及国家或区域的整体布局和发展战略，如国家层面的国土空间规划，它关注资源的总体配置、生态环境的保护、基础设施网络的构建等。这一尺度下的规划往往具有长期性和战略性，旨在引导国家未来的发展方向和空间格局。

(2) 中观尺度

中观尺度通常关注省、市或特定经济区的空间布局和发展，如省级国土空间规划或城市群规划。这一尺度下的规划更加具体，涉及土地利用、产业布局、交通网络、城镇体系建设等内容，旨在优化资源配置，提升区域竞争力。

(3) 微观尺度

微观尺度则聚焦于具体的用地单元或项目，如社区规划、乡村规划或工业园区规划。这一尺度下的规划更加注重细节，旨在提升土地使用的效率和居民的生活质量，同时确保与上级规划相衔接。

2. 空间区位

空间区位是指某一空间实体在地理空间中所处的位置及其与其他空间实体的相对关系。空间区位是决定资源分配、产业布局和人口流动的关键因素。

(1) 地理位置

地理位置的优劣直接影响着一个地区的经济发展潜力和生态环境质量。例如，沿海地区因其便利的海洋运输条件和开放的市场环境，往往成为经济发展的热点区域。

(2) 交通条件

交通网络的发达程度和便捷性对于地区的空间发展具有重要影响。高效的交通系统能够缩短时空距离，促进资源的优化配置和经济的协同发展。

(3) 生态环境

生态环境的保护和恢复是国土空间规划的重要任务之一。不同区位的环境承载力不同，规划需要充分考虑这一因素，避免过度开发和生态破坏。

3. 空间布局

空间布局是指根据空间尺度和空间区位的特点，对国土空间进行科学合理的规划和配置。它是国土空间规划的核心内容，旨在实现资源的优化配置和空间的可持续发展。

(1) 功能分区

根据国土空间的不同功能和特点，将其划分为不同的功能区域，如生态保护区、农业耕作区、城市建设区等。通过功能分区，可以明确各区域的定位和发展方向，避免无序开发和资源浪费。

(2) 土地利用

土地利用是空间布局的重要组成部分。规划需要综合考虑土地资源的数量、质量和分布特点，合理安排各类用地的规模和布局，确保土地资源的节约集约利用。

(3) 基础设施

基础设施是支撑国土空间发展的基础条件。规划需要合理布局交通、水利、能源等基础设施网络，提高基础设施的覆盖率和效率，为经济社会发展提供有力支撑。

（三）国土空间

国土空间的本质是一个强调在国家主权管辖之下的物理复合空间。所谓复合，是指物理空间、功能空间和管理空间的融合。

1. 物理空间

物理空间，作为国土空间规划的基础层面，是指能够直接触摸、感知的地理实体空间。它不仅仅是山川湖海、森林草原等自然地理要素的集合，还包括了人类活动留下的痕迹——城市、乡村、道路、桥梁等人工设施。这一空间形态是自然环境要素与人工设施相互作用、共同组织的结果，体现了人与自然的和谐共生。

(1) 自然属性的地理场所

如广袤的平原、巍峨的山脉、蜿蜒的河流，它们构成了国土空间的基本骨架，为生物多样性和生态系统服务提供了基础。

(2) 带有人文特征的建筑实体

从古老的村落到现代都市，从宗教庙宇到商业综合体，这些建筑实体不仅反映了人类文明的演进，也承载着地域文化和社会记忆。

物理空间是国土空间规划的物质基础，其合理布局与保护对于维护生态平衡、促进经济发展、提升居民生活质量具有重要意义。

2. 功能空间

功能空间则是从地理意义上对国土空间进行功能划分的结果，它体现了人类社会经济活动在空间上的选择与组合方式。这一空间形态超越了物理界限，更多地关注于空间的功能性和效用性。

(1) 开发与保护活动的空间组合

功能空间的形成是基于对特定区域资源禀赋、环境条件、发展潜力等因素的综合考量，通过合理规划，实现经济发展与生态保护的双赢。

(2) 空间均衡分工范式

不同地区根据自身优势，承担不同的功能角色，如农业区、工业区、生态保护区等，形成区域间的合理分工与协作，促进资源高效配置。

(3) 提供特别效用和满足特别需要

功能空间还强调满足特定社会群体的需求，如教育、医疗、休闲等，通过构建多样化的功能区域，提升国民生活的幸福感与满意度。

功能空间的规划与设计是实现国土空间高效利用、促进区域协调发展的关键。

3. 管理空间

管理空间则是国家为了实施有效的国土空间管理而进行的区域划分。这一空间形态侧重于行政管理和政策实施的便利性，是国土空间规划中的上层建筑。

(1) 分级管理

根据国家的行政层级，将国土划分为不同的管理单元，如省、市、县、乡等，每个层级负责相应范围内的规划、开发与监管。

(2) 区域划分空间

通过划定特定的功能区(如经济特区、自由贸易区、生态红线区等)，实施差异化的政策和管理措施，以引导区域发展方向，解决特定问题。

(3) 促进政策落实与监督

管理空间的划分有助于政策的精准投放与有效执行，同时便于对国土空间利用情况进行监测与评估，确保规划目标的实现。

(四) 空间规划

在快速发展的现代社会中，空间规划作为一门综合性学科，日益凸显其重要性。它不仅关乎城市与乡村的物理布局，也深刻影响着人们的生活质量、经济发展模式以及生态环境的可持续性。

1. 空间规划的概念

空间规划是对特定区域内土地及地上、地下空间的开发、利用、保护和管理的综合部署与安排。它超越了传统城市规划的范畴，涵盖了从国家到地方、从城市到乡村、从自然生态到社会经济活动的全方位考量。空间规划的核心在于平衡发展与保护的关系，确保资源的高效配置与环境的可持续利用。

具体而言，空间规划涉及土地利用规划、城市设计、交通规划、环境保护规划、基础设施建设规划等多个方面，旨在通过科学的方法和先进的技术手段，对空间资源进行战略性、前瞻性的布局与优化。这一过程通常包括现状评估、目标设定、方案制定、公众参与、审批实施及后期评估等多个环节，强调多学科交叉融合与多方利益协调。

2. 空间规划的作用

(1) 促进经济高质量发展

空间规划通过优化产业布局、提升交通网络效率、引导创新资源集聚等措施，为经济发展提供强有力的空间支撑。它有助于形成特色鲜明、优势互补的区域经济体系，促进产业升级与转型，增强区域竞争力。同时，合理规划还能有效避免重复建设和资源浪费，提高资源使用效率，推动经济高质量发展。

(2) 提升居民生活质量

良好的空间规划关注人的需求，致力于创造宜居、宜业、宜游的生活环境。通过完善公共服务设施、增加绿地空间、改善交通出行条件等，提升居民的生活便利性和舒适度。此外，空间规划还注重历史文化的保护与传承，增强社区认同感，促进社会和谐。

(3) 保障生态环境安全

面对全球气候变化和生态环境退化的挑战，空间规划成为实现绿色发展、保护生态环境的重要手段。通过划定生态保护红线、实施生态修复工程、推广绿色建筑和低碳交通等方式，空间规划有助于构建生态安全格局，维护生物多样性，促进人与自然和谐共生。

(4) 促进城乡融合发展

空间规划强调城乡一体化发展，通过优化城乡空间结构，促进资源要素在城乡间的合理流动与优化配置。这有助于缩小城乡差距，提升乡村地区的自我发展能力，实现城乡经济社会的协调发展，构建新型工农城乡关系。

二、国土空间规划的内涵

国土空间规划是我国规划体系的重要部分，它不仅为国家空间发展提供了明确的指南，也是实现可持续发展的空间蓝图，是各类开发、保护和建设活动的基本依据。

(一) 国土空间规划的概念

国土空间规划是相关主管部门依据我国经济社会条件和国土自然条件，

从开发、利用、整治和保护几个角度对国土空间资源进行的综合性战略部署。它是优化国土空间布局、促进区域协调发展的重要规划，也是政府实施空间管制的重要依据和整合相关空间规划资源的实用平台。

国土空间规划概念的提出，标志着我国由多项规划并行走向“多规合一”的统一布局。党中央和国务院部署将之前分布在不同部门的主体功能区规划、土地利用规划、城乡规划等融合为统一的国土空间规划，实现“多规合一”，并以此建立全国统一、责权清晰、科学高效的国土空间规划体系。

(二) 国土空间规划的特性

1. 整体性

整体性是国土空间规划的首要特征。它要求规划者从全局视角出发，将国土空间视为一个不可分割的整体，统筹考虑自然、经济、社会、文化等多方面的因素。整体性强调规划内容的全面性和协调性，确保各项规划在地域空间上的有机衔接，避免条块分割和重复建设。通过整体性规划，可以促进区域间的均衡发展，提高国土空间的整体效能。

2. 未来性

未来性是国土空间规划的核心特征之一。规划不仅仅是对现状的描述和解释，而且是对未来发展趋势的预测和引领。未来性要求规划者具备前瞻性的思维，准确把握时代脉搏，科学预测经济社会发展趋势和国土空间变化动态。通过设定科学合理的规划目标和指标体系，引导国土空间向更加高效、绿色、可持续的方向发展。

3. 约束性

约束性是国土空间规划的重要保障。规划过程中，必须充分考虑法律法规、政策导向、资源环境等方面的约束条件，确保规划内容的合法性和可行性。约束性要求规划者在制定方案时，既要追求经济效益和社会效益的最大化，又要严格遵守生态保护红线、永久基本农田保护等刚性约束，实现发展与保护的平衡。

4. 尺度性

尺度性是国土空间规划的重要特征。规划涉及的空间范围广泛，从国家层面到省、市、县乃至乡镇、村庄等不同层级，每一层级都有其特定的规划目标和任务。尺度性要求规划者根据不同层级的实际需求，合理确定规划的内容和深度，确保各级规划在目标、任务、措施等方面的衔接和协调。通过尺度性规划，可以形成上下联动、层层落实的规划体系。

5. 实质性

实质性是国土空间规划的关键特征。规划要关注空间布局的合理性，更要注重规划内容的实质性和可操作性。实质性要求规划者在制定方案时，深入剖析国土空间资源的现状和问题，提出切实可行的解决方案和措施。通过实质性规划，可以有效推动国土空间资源的优化配置和高效利用。

6. 长期性

长期性是国土空间规划的基本特征。规划是一项长期而艰巨的任务，需要经历多个阶段和周期才能实现预期目标。长期性要求规划者具备战略眼光和长远规划，确保规划内容的连续性和稳定性。通过长期性规划，可以形成可持续发展的国土空间格局，为子孙后代留下宝贵的空间资源。

7. 实践性

实践性是国土空间规划的最终归宿。规划不是空中楼阁，而是需要落地实施的具体方案。实践性要求规划者在制定方案时，充分考虑实施条件和可操作性，确保规划内容能够得到有效执行。通过实践性规划，可以推动规划理念与实际行动的有机结合，实现规划目标的落地生根。

（三）国土空间规划的作用

1. 刚性管制与上下传导

国土空间规划首先强调刚性管制，通过设定明确的红线、底线，如生态保护红线、永久基本农田保护红线等，确保国家安全和生态安全不受侵犯。这一刚性框架为各类开发活动划定了不可逾越的界线，有效避免了无序扩张和资源浪费。同时，规划的上下传导机制确保了从国家宏观战略到地方具体实施的无缝对接，既体现了国家意志，又兼顾了地方实际，实现了规划的精准落地和有效执行。

2. 促进区域与城乡均衡发展

国土空间规划的核心在于通过统筹协调，优化资源配置，促进区域间和城乡间的均衡发展。一方面，它依据资源禀赋、环境容量、发展潜力等因素，科学划分功能区，引导产业合理布局，促进区域经济差异化、特色化发展，缩小地区间发展差距。另一方面，规划注重城乡融合，通过基础设施建设、公共服务均等化等措施，打破城乡二元结构，推动城乡资源要素双向流动，构建新型工农城乡关系，实现城乡协调发展。

3. 塑造高质量国土环境

在资源日益紧张、环境压力加大的背景下，国土空间规划致力于实现资源的合理配置、科学布局、高效利用和可持续利用。通过精细化管理和技术创新，提高土地、水、矿产等资源的使用效率，减少环境污染和生态破坏，构建绿色低碳的发展模式。同时，规划强调生态保护与修复，保护生物多样性，维护生态系统服务功能，为经济社会发展提供坚实的生态基础，塑造高质量的国土环境，提升生态系统的自我恢复能力和对外部干扰的抵御能力。

4. 满足人民美好生活需求

国土空间规划的根本出发点和落脚点是以人为本，满足人民群众对美好生活的向往。通过科学规划，保护历史文化遗产，传承地域特色，打造具有文化底蕴和时代特征的城乡风貌。同时，注重提升公共服务水平，完善基础设施网络，创造安全、健康、便捷的生活条件，让人民群众在享受现代文明成果的同时，也能感受到浓厚的人文关怀和自然之美。这样的规划不仅增强了人民群众的幸福感、获得感，也促进了社会的和谐稳定。

（四）国土空间规划的发展要求

1. 完善标准体系架构

国土空间规划的标准体系架构是确保规划科学、规范、高效实施的基础。为此，需要全面梳理评估原有规划相关标准，开展城乡生活圈规划标准、国土空间规划分区与用地用海分类、城区范围划定等方面标准的更新、提级工作。这不仅可以统一工作标准、完善体系构建，还能强化规划的权威性和可操作性。

此外，完善标准体系架构还需注重标准的实用性和时效性。自然资源部和国家标准化管理委员会已制定《国土空间规划标准体系建设三年行动计划（2025—2027年）》，明确提出到2027年制修订国土空间规划基础通用、编制审批、实施监督、信息技术等方面国家标准和行业标准30余项。这一行动计划将推动国土空间规划标准体系的巩固完善并有序运行，为国土空间规划的科学编制和高效实施提供有力支撑。

2. 健全法规政策体系和技术标准体系

健全的法规政策体系和技术标准体系是保障国土空间规划有效实施的关键。近年来，我国在国土空间规划领域取得了一系列重要成果，包括出台首部“多规合一”的国家级国土空间规划、形成国土空间可持续发展的“中国方案”等。然而，随着国土空间规划体系的不断深化和完善，仍需进一步加强法规政策和技术标准的制定和修订工作。

在法规政策方面，应加快制定和完善国土空间规划相关的法律法规，明确规划的编制、审批、实施和监督等各个环节的法律责任和义务。同时，还应加强规划实施的政策手段，完善规划实施的政策体系，确保规划的权威性和严肃性。

在技术标准方面，应建立统一的技术标准和数据标准，为规划的编制、审批、实施和监督提供科学依据和技术支撑。此外，还应加强技术创新和研发，推动规划方法的改进和规划水平的提高。

3. 推动“多规合一”改革

“多规合一”改革是推进国家治理体系和治理能力现代化的重要内容，也是实现国土空间规划高质量发展的关键举措。过去，规划类型过多、内容重叠冲突、审批流程复杂等问题，导致规划实施效果不佳，甚至造成了社会资源的浪费。因此，推动“多规合一”改革，实现规划的整合和优化，对于提高规划的科学性、权威性和有效性具有重要意义。

推动“多规合一”改革需要强化规划的统筹和协同。各级自然资源部门应加强指导和协调，推动总体规划、详细规划和相关专项规划的相互衔接和协同。同时，还应加强规划编制和实施管理的数字化转型，依托国土空间基础信息平台和国土空间规划“一张图”系统，实现规划编制、审批、实施、监督全程在线数字化管理，提高工作质量和效能。

此外，推动“多规合一”改革还需注重规划的权威性和严肃性。规划一经批复，任何部门和个人不得随意修改、违规变更。应建立健全规划实施评估和监测机制，定期对规划实施情况进行评估和监测，确保规划的有效实施和目标的顺利实现。

4. 提升治理体系和治理能力现代化水平

提升治理体系和治理能力现代化水平是国土空间规划发展的重要要求。这一要求的实现需要从多个方面入手，确保国土空间规划在编制、实施、监督等各个环节都能达到高效、科学、规范的标准。

(1) 完善规划编制体系

建立全国统一、责权清晰、科学高效的国土空间规划体系是提升治理体系和治理能力现代化水平的基础。这一体系应包括总体规划、详细规划和相关专项规划，确保各类规划之间相互衔接、协调一致。同时，要注重规划的前瞻性和战略性，充分考虑人口分布、经济布局、国土利用、生态环境保护等因素，科学布局生产空间、生活空间、生态空间。

(2) 加强数字化建设

数字化技术的应用是提升治理体系和治理能力现代化水平的关键。通过推进国土空间基础信息平台建设，可以大大提高工作效率和准确性。同时，数字化建设还有助于实现信息共享和跨部门协同，提升规划的决策支持能力。

(3) 强化法规政策保障

完善的法规政策体系是提升治理体系和治理能力现代化水平的制度保障。要建立健全国土空间规划法规政策和技术标准体系，确保规划的编制和实施有法可依、有章可循。同时，要加强执法力度，对违反规划的行为进行严厉打击，维护规划的权威性和严肃性。

5. 强化国土空间规划的基础作用

国土空间规划在国家规划体系中具有基础性作用，是实施国土空间用途管制、核发建设项目规划许可、进行各项建设等的法定依据。因此，强化国土空间规划的基础作用，对于推动经济社会发展、保护生态环境、实现可持续发展具有重要意义。

(1) 发挥规划引领作用

国土空间规划应作为经济社会发展的总纲和蓝图，引领各项建设活动的有序开展。通过规划，可以明确空间发展目标、优化空间布局、提升空间品质，为经济社会的发展提供有力支撑。同时，规划还应注重与国家政策、区域发展战略的衔接，确保规划的实施能够与国家发展大局相协调。

(2) 加强规划实施监管

规划的实施是规划发挥作用的关键。要加强规划实施监管力度，确保规划的各项要求得到有效落实。通过建立健全规划实施监测预警和绩效考核机制，及时发现和解决规划实施过程中出现的问题，以确保规划目标的实现。

(3) 推动规划创新发展

面对新时代的新要求和新挑战，国土空间规划需要不断创新发展。要积极探索新的规划理念、规划方法和规划技术，提高规划的针对性和可实施性。同时，要加强规划的国际交流与合作，借鉴国际先进经验，推动规划水平的提升。

三、国土空间规划的属性

(一) 融合管控工具与公共政策的双重属性

在当今快速城镇化和资源环境约束加剧的背景下，国土空间规划作为国家治理体系的重要组成部分，扮演着至关重要的角色。它是对土地资源、生态环境、经济社会发展进行综合部署和安排的战略性工具，更是推动可持续发展、实现社会公平正义的公共政策平台。国土空间规划既作为管控工具，又作为公共政策的这一双重属性，相互交织，共同作用于国家发展的全局之中。

1. 作为管控工具的空间规划

作为管控工具，国土空间规划的核心在于其空间布局与资源配置的功能。它通过对国土空间进行科学划分，明确各类空间的功能定位和发展方向，如生态保护红线、永久基本农田、城镇开发边界等“三条红线”的划定，有效限制了无序扩张和过度开发，保障了国家生态安全、粮食安全和城镇建设的有序进行。这一过程中，规划利用法律、行政、经济等多种手段，实施严格的土地利用管理和建设项目审批制度，确保每一寸土地都用在刀刃上，促进国土空间的高效集约利用。

此外，国土空间规划作为管控工具，还强调规划的刚性与弹性相结合。一方面，通过法定规划程序确立的规划内容具有法律效力，必须严格执行，体现了规划的权威性和约束力；另一方面，面对经济社会发展的新情况、新问题，规划也须保持一定的灵活性和适应性，通过定期评估、动态调整机制，及时应对挑战，确保规划的有效实施。

2. 作为公共政策的空间规划

作为公共政策，国土空间规划则更多地聚焦于促进社会公平、协调区域发展、提升民众福祉等目标。它不仅仅关注物质空间的优化布局，还强调空间发展与社会、经济、文化的深度融合，致力于构建包容性增长的空间格局。例如，通过优化城乡空间结构推动城乡融合发展，缩小城乡差距；通过区域协调发展策略，促进资源要素在区域间的合理流动，增强欠发达地区的自我发展能力；通过完善基础设施和公共服务设施布局，提高居民生活质量，促进社会公平正义。

同时，作为公共政策的空间规划，还强调公众参与和多利益相关方的协同治理。规划编制过程中，广泛听取社会各界意见，包括政府、企业、社会组织及公众的声音，确保规划成果既能反映国家宏观战略导向，又能贴近地方实际和民众需求，增强规划的可接受性和实施效果。

(二) 国家治理体系的重要构成

国家治理体系由目标体系、制度体系和价值体系三部分组成。其中，制度体系是核心，它约束各类行动者在社会公共事务管理中的行为。国土空间规划作为政府主导下编制和实施的重要工具，具有一套多样的方法和手段，成为国家治理体系中的关键一环。

国土空间规划不仅涉及国土空间的方方面面，还与经济、社会、生态、文化等各方面的公共政策紧密相连。它是这些公共政策在空间上的投射和转译，具有极强的公共政策属性。通过国土空间规划，政府能够高效地落地实施各种公共政策，如耕地和基本农田保护、生态环境保护、节约集约用地、城乡建设管理等，从而实现国家治理目标体系中的繁荣富强、人民幸福安康和国家政权的长治久安。

(三) 实现国家治理目标的有效手段

国土空间规划在政府开展国土空间治理中发挥着关键作用。一方面，国土空间规划为政府提供了有效的治理手段，能够解决各种国土空间问题，提供可靠的路径。另一方面，由于人类活动无时无刻不发生在国土空间之中，国土空间规划还能够成为政府就国土空间之外更多公共事务进行治理的重要抓手。

国土空间规划是资源管理的龙头。规划是管理的首要职能，而国土空间主要由各种自然资源所填充和构成。政府通过国土空间规划能够有序地管理和利用自然资源，实现资源的合理配置和高效利用。

此外，国土空间规划还是空间发展的指南。规划作为面向未来的谋划安排，对于发展具有重要指引作用。国土空间规划能够为国家发展规划落地实施提供空间保障，为空间发展指明方向和路径，支撑和引领经济社会发展。

（四）促进人与自然和谐共生的关键

促进人与自然和谐共生是空间治理最重要的目标，而国土空间规划和用途统筹协调管控制度是空间治理最重要的手段。在国土空间规划中，不仅要考虑自然环境，还要考虑人居环境，处理好人与自然的关系。通过整体性、系统性的规划，平衡空间开发与保护，保障社会公平与公正，追求高质量发展，实现人与自然和谐共生。

第三节　国土空间规划的知识体系

一、国土空间规划知识体系的概念

国土空间规划知识体系是一个复杂且综合的系统，它涵盖了国土空间开发、保护、利用和治理等方面的理论知识与实践经验。这一知识体系旨在为国家空间发展提供战略指导，确保可持续发展和生态文明建设目标的实现。国土空间作为国家主权与主权权利管辖下的地域空间，是国民生存的场所和环境，包括陆地、陆上水域、内水、领海、领空等。国土空间规划则是对这些空间在时间和空间上做出的合理安排，旨在协调人口分布、经济布局、国土利用和生态环境保护之间的关系。

国土空间规划知识体系不仅包括国土空间规划的基本概念、原则和方法，还涉及规划编制、审批、实施和监督的全过程。它融合了地理学、城乡规划学、生态学、环境科学、经济学、管理学等多个学科的知识，形成了具有独特逻辑和结构的综合知识体系。这一知识体系不仅关注国土空间的物理布局和资源配置，还注重人与自然和谐共生、经济社会可持续发展等深层次问题。

二、国土空间规划知识体系的特征

（一）跨学科型

国土空间规划知识体系具有显著的跨学科特征。它融合了自然科学、社会科学、工程技术以及人文学科等多个领域的知识，形成了一个复杂而多元的知识体系。这种跨学科性使得国土空间规划能够综合考虑各种因素，制定出更加科学、合理的规划方案。

（二）系统性

国土空间规划知识体系是一个系统性的知识体系。它涵盖了从规划编制到实施监督的全过程，包括规划目标设定、空间布局优化、资源环境承载能力评价、生态保护红线划定、土地利用规划等多个方面。这些环节相互关联、相互制约，共同构成了一个完整的规划体系。

（三）动态性

国土空间规划知识体系是一个不断发展和完善的过程。随着经济社会的发展和科学技术的进步，国土空间规划面临的新问题和新挑战不断涌现。因此，国土空间规划知识体系需要不断更新和完善，以适应新的形势和需求。这种动态性使得国土空间规划能够保持与时俱进，不断推动国家空间发展的优化和升级。

（四）实践性

国土空间规划知识体系具有很强的实践性。它不仅关注理论层面的研究，还注重实践层面的应用。通过规划实践，可以将理论知识转化为实际成果，推动国土空间的有效治理和可持续发展。同时，实践中的经验和教训也可以反过来丰富和完善知识体系，形成良性循环。

（五）政策导向性

国土空间规划知识体系具有很强的政策导向性。它紧密围绕国家发展战略和政策要求，旨在通过规划手段推动国家空间发展的优化和升级。因此，国土空间规划知识体系不仅关注技术层面的创新，还注重政策层面的引导和支持。这种政策导向性使得国土空间规划能够更好地服务于国家战略目标的实现。

三、国土空间规划知识体系的学科基础

国土空间规划作为一项综合性的社会实践活动，涵盖了从城市到乡村、从海洋到山水林田湖草等各类国土空间要素。它不仅与人类的生产生活活动密切相关，还与国家的战略部署、政策要求、公共治理以及各类管理制度等紧密结合。由于国土空间规划涉及的知识领域和内容广泛分布在10多门一级学科之中，其知识体系充满着多元的复杂性。

（一）地理学

地理学是研究地理环境以及人类活动与地理环境相互关系的科学，它构成了国土空间规划的基本框架和理论基石。地理学通过空间分析的方法，揭示自然要素（如地形、气候、水文）和人文要素（如人口、经济、文化）的空间分布规律，为理解国土空间的基本特征提供了科学依据。

在国土空间规划中，地理学不仅帮助识别关键的自然资源分布区域，如水源地、矿产资源带、生态敏感区等，还通过分析人口流动、经济活动集聚等现象，指导规划者合理确定城市发展方向、产业布局策略。此外，地理学的空间尺度概念对于构建多层次、多尺度的国土空间规划体系至关重要，确保规划既具有宏观战略视野，又能细致入微地解决地方性问题。

（二）城乡规划学

城乡规划学是研究城乡空间布局、功能组织、基础设施建设和社会经

济发展的学科，它直接指导国土空间规划中城市与乡村的空间结构与功能布局。城乡规划学强调以人为本，注重提升城乡居民的生活质量，通过科学合理的规划布局促进城乡融合发展。

在国土空间规划实践中，城乡规划学提供了一系列规划理念和方法，如“多规合一”、生态城市、智慧城市等，这些理念强调规划的综合性、前瞻性和可持续性。城乡规划学还关注城市更新、乡村复兴等具体实践，通过优化土地利用、完善公共设施、保护历史文化等措施，提升城乡空间的综合承载力和宜居性。

（三）土地利用规划学

土地利用规划学是研究土地资源合理配置、高效利用及其管理决策的学科，是国土空间规划实施的技术支撑。它关注如何在有限的土地资源上，通过科学的规划手段，实现经济、社会、生态效益的最大化。

土地利用规划学在国土空间规划中的作用主要体现在三个方面：一是通过土地资源调查与评价，明确土地资源的数量、质量和潜力，为规划编制提供基础数据；二是依据国土空间发展战略，制定土地利用总体规划、专项规划等，明确各类用地的规模、布局和时序；三是通过土地用途管制、土地整治、耕地保护等手段，确保土地利用规划的有效实施。随着技术的发展，地理信息系统（GIS）、遥感技术（RS）、大数据分析等现代技术手段的应用，进一步提升了土地利用规划的科学性和精确性。

（四）生态学

生态学是研究生物与环境之间相互关系的科学，它揭示了生态系统内部的结构、功能及其与外部环境的相互作用机制。生态学在国土空间规划中扮演着至关重要的角色，为生态环境保护提供了科学依据。通过生态敏感性分析、生物多样性评估等手段，生态学帮助规划师识别出需要重点保护的生态区域，如自然保护区、水源涵养区等，确保在开发建设中避免对这些区域的破坏。同时，生态学还倡导生态修复理念，指导如何采取有效措施恢复受损生态系统，维护生态平衡。此外，基于生态系统的服务功能（如碳储存、水源净化等），生态学还促进了绿色基础设施的建设，使国土空间规划更加符合可持续发展的要求。

（五）经济学

经济学是研究资源稀缺性条件下如何进行最优配置以实现社会福利最大化的学科。经济学在国土空间规划中提供了资源配置与经济发展的理论指导。通过成本效益分析、区域经济分析等方法，经济学帮助规划师评估不同空间发展策略的经济效益，确定优先发展区域和产业布局，以促进区域经济协调发展。同时，经济学还关注资源的高效利用和环境保护之间的平衡，倡导绿色发展路径，如循环经济、低碳技术等，确保经济发展不以牺牲环境为代价。此外，经济学还通过市场机制和政府政策的结合，引导资源向有利于社会公平和长期发展的方向流动，为国土空间规划中的公共服务和基础设施建设提供资金支持和政策保障。

（六）社会学

社会学是研究人类社会结构、社会关系及其变迁规律的学科。社会学在国土空间规划中着重考察人口分布、社会结构变化以及居民的社会需求，为规划提供人性化的视角。通过人口普查数据、社会调查等手段，社会学帮助规划师理解不同地区的人口特征、生活方式和需求差异，从而设计出更加符合居民实际需要的空间布局，如教育、医疗、住房等公共服务设施的合理配置。此外，社会学还强调社区参与和社会融合，鼓励在规划中融入社区意见，进而增强规划的可接受性以及实施效果。在应对城市化进程中的社会问题时，如城乡差距、人口老龄化等，社会学提供了深入分析框架和解决方案，促进国土空间规划更加公平、包容和韧性。

（七）法律学

国土空间规划是各类开发、保护和建设活动的基本依据，因此，其合法性和合规性至关重要。法律学作为确保规划合法性的核心学科，在国土空间规划知识体系中的作用不容忽视。

首先，法律学为国土空间规划提供了法律框架和制度保障。自 2019 年《中华人民共和国土地管理法》修正案通过以来，国家建立了国土空间规划体系，并明确了其法律地位。该体系将主体功能区规划、土地利用规划、城乡规划等空间规划融合为统一的国土空间规划，实现了“多规合一”。法律学为这一过程提供了法律支持和制度保障，确保各类规划的编制和实施在法律框架内进行。

其次，法律学确保了规划的合法性和权威性。国土空间规划涉及国家空间发展的指南和可持续发展的空间蓝图，其内容必须严格遵循国家的法律法规。法律学通过法律手段，确保规划的编制、审批和实施过程符合法律要求，防止违法违规行为的发生。同时，法律学还为规划的修改和调整提供了法律程序，确保规划的灵活性和适用性。

最后，法律学在规划争议解决中发挥着重要作用。在国土空间规划的实施过程中，难免会出现各种争议和纠纷。法律学为这些争议的解决提供了法律途径和程序，确保各方利益得到平衡和保护。

(八) 人文学科

人文学科在国土空间规划知识体系中的作用主要体现在赋予规划人文内涵和关注人的需求方面。人文学科包括历史学、地理学、文化学、社会学等多个领域，它们共同构成了国土空间规划的人文基础。

首先，人文学科为国土空间规划提供了历史和文化背景。在规划过程中，必须充分考虑当地的历史文化传统和地域特色，以确保规划符合当地的社会文化环境。历史学和文化学为规划提供了丰富的历史资料和文化资源，帮助规划者更好地理解当地的历史文化背景，从而制定出更加符合当地特色的规划方案。

其次，人文学科关注人的需求和福祉。国土空间规划的目的是实现国土空间的高效利用和可持续发展，而人的需求和福祉是这一目标的核心。社会学和地理学等人文学科为规划提供了关于人口分布、社会结构、经济活动等方面的数据和信息，帮助规划者更好地了解当地的社会经济环境和人的需求。在此基础上，规划者可以制定出更加符合人的需求和福祉的规划方案，提高规划的可接受性和实施效果。

最后，人文学科在规划评估和优化中发挥着重要作用。国土空间规划的实施过程中，需要进行不断地评估和优化。人文学科为这一过程提供了评估方法和优化策略，帮助规划者更好地了解规划的实施效果和影响，从而及时调整和完善规划方案。

在构建国土空间规划知识体系时，需要拆除现有学科、领域、部门的藩篱，打破专业类型的区隔，依循从“认识世界”到“改造世界”的逻辑，建立统一的知识体系框架。这一知识体系框架通常由国土空间规划基础、国土空间构成、国土空间使用及其管理、国土空间发展研究、国土空间规划理论与方法、国土空间规划编制、国土空间规划实施监督以及国土空间规划相关知识等八个知识领域组成。

四、国土空间规划知识体系的新要求

在当今快速城市化与区域一体化的大背景下，国土空间规划作为国家空间治理的核心手段，其重要性日益凸显。面对复杂多变的国土空间发展挑战，传统的规划知识体系已难以满足新时代的需求。因此，构建和完善一个包容性强、科学性高的国土空间规划知识体系，成为推动可持续发展的重要基石。

（一）强化政治学与行政学、城市与区域经济学、财政学与金融学的融合

国土空间规划是地理空间的布局与优化，更是国家发展战略与政策导向的具体体现。因此，知识体系中必须着重补充政治学与行政学的相关内容，深入理解国家治理体系和治理能力现代化的要求，确保规划能够与国家政治目标、行政体制相协调。同时，城市与区域经济学为规划提供了经济分析框架，帮助规划者把握市场规律，合理配置资源，促进区域协调发展。财政学与金融学的融入，则有助于规划者设计合理的财政激励措施和融资策略，为规划实施提供资金保障，解决基础设施建设、生态保护等关键领域的资金瓶颈。

（二）补强城市社会学与乡村社会学内容，强化沟通与协同能力

空间规划是物质空间的规划，更是社会空间的塑造。加强城市社会学与乡村社会学的学习，有助于规划者深入理解不同社会群体的需求与行为模

式，促进社会公平与包容性增长。此外，面对多元利益主体，规划者还需掌握沟通协调、组织协同和制度设计的能力，通过有效的公众参与机制、利益相关者协商平台，确保规划方案既符合科学理性，又兼顾各方利益，实现共赢发展。

（三）精准数据与科学方法支撑区域、城市、乡村发展规律探索

随着大数据、人工智能等技术的快速发展，对区域发展、城市发展、乡村发展客观规律的探索有了更加精准、及时的手段。规划知识体系应加强对地理信息系统（GIS）、遥感技术、大数据分析等现代技术的应用学习，以及系统动力学、空间计量经济学等科学方法的学习与运用。这些技能不仅能够为规划提供丰富的数据支持，还能通过模型模拟预测未来发展趋势，提高规划的预见性和科学性。同时，跨学科的研究方法有助于揭示复杂系统的内在联系，为制定科学合理的国土空间规划策略提供坚实依据。

国土空间规划知识体系的新要求体现了跨学科融合与科学性提升的双重趋势。通过整合政治学、经济学、社会学等多学科知识，强化沟通协调能力，以及运用先进的数据分析与方法论，可以有效提升规划的科学性、合理性和可操作性，为实现国土空间的高效、公平、可持续发展奠定坚实基础。未来，随着技术与社会的不断进步，国土空间规划知识体系还将持续进化，更好地服务于国家空间治理现代化的目标。

五、国土空间规划对知识体系的新挑战

国土空间规划不仅关乎国土资源的有效利用、生态环境的保护，还深刻影响着经济社会的发展格局与人民群众的生活质量。因此，构建一个既具备深厚理论基础、又能够灵活适应时代变迁的国土空间规划知识体系，成为推动规划实践科学化、精细化的关键所在。这一知识体系必须是开放的、综合的，并且处于不断吸收借鉴与自我完善的过程中，以服务区域、城市、乡村等不同层次空间的综合保护与开发为主要宗旨。

（一）开放体系的必要性

国土空间规划的综合性实践要求知识体系必须是开放的。随着科技进

步和社会经济的快速发展，新的规划理念、技术手段和管理模式层出不穷。开放的知识体系能够确保规划者及时捕捉国际与国内的先进经验和最新科技成果，如大数据分析、地理信息系统（GIS）、人工智能（AI）等，将其融入规划实践，提升规划的科学性和效率。同时，开放体系也鼓励跨学科合作，如生态学、经济学、社会学等多学科知识的融合，为解决复杂国土空间问题提供更为全面和创新的视角。

（二）综合实践的内在要求

国土空间规划的核心在于其综合性，即需统筹考虑自然、经济、社会、文化等多方面的因素，实现国土空间的高效、集约、可持续发展。这就要求知识体系不仅要涵盖地理学、城乡规划学等传统规划学科的核心理论，还要广泛吸收环境科学、经济学、法学、政治学等相关学科的知识，形成跨学科的理论与方法体系。通过这种综合，规划能够更加精准地识别和解决不同区域、城市、乡村面临的特定问题，如资源分配不均、环境污染、人口流动、文化遗产保护等，促进空间的均衡发展和社会和谐。

（三）持续完善与夯实知识体系

面对日新月异的社会环境和技术革新，国土空间规划知识体系必须是一个持续进化的过程。这意味着规划教育和专业培训需要不断更新内容，纳入最新的科研成果和实践经验，培养具备创新思维和跨领域合作能力的规划人才。同时，建立反馈机制，通过规划实施效果的评估，不断调整和优化规划理论与方法，确保知识体系的有效性和适应性。此外，加强国际交流与合作，学习借鉴全球各地的成功经验和教训，也是知识体系持续完善的重要途径。

（四）服务区域、城市、乡村的综合保护与开发

国土空间规划知识体系的构建，最终要落实到服务区域、城市、乡村等不同层次空间的综合保护与开发上。这要求规划既要注重宏观战略导向，如构建区域发展协调机制、优化国土空间开发格局，也要深入微观层面，关注社区建设、历史文化传承、生态环境保护等具体问题。通过精细化管理和人性化设计，实现空间资源的高效配置和社会福祉的最大化。

总之，国土空间规划知识体系的建设是一个系统工程，需要政府、学术界、实践界以及社会各界的共同努力。通过构建开放、综合、持续进化的知识体系，不断提升国土空间规划的科学性和实践性，为构建美丽中国、实现中华民族永续发展奠定坚实基础。

第二章　国土空间规划体系

第一节　建立国土空间规划体系的要求

一、建立国土空间规划体系的指导思想

2024 年 8 月 20 日，自然资源部正式发布了关于加快完善国土空间规划体系的指导意见，旨在更好地保护和利用自然资源，扎实推进美丽中国建设。这一意见的出台，标志着我国在国土空间规划领域迈出了坚实的一步，为构建主体功能明显、优势互补、高质量发展的国土空间开发新格局提供了明确的指导方向。

在当前全球资源环境约束加剧、经济转型升级压力增大的背景下，我国国土空间规划面临着前所未有的挑战与机遇。为了应对这些挑战，实现可持续发展，推动高质量发展的国土空间开发新格局显得尤为重要。这不仅有助于优化资源配置，提升国土空间的利用效率，还能有效推动区域协调发展，塑造新的经济增长点。

自然资源部提出的指导意见，以推动高质量发展国土空间开发新格局为核心，明确了未来国土空间规划的主要方向和目标。具体而言，就是要健全国土空间规划体系，推动形成科学合理的国土空间布局，确保每一寸土地都能得到高效、集约、可持续的利用。具体如下：

第一，完善国土空间规划体系。在现有基础上，进一步细化规划层次和内容，形成国家、省、市、县四级联动的国土空间规划体系，确保各级规划相互衔接、协调一致。

第二，推动主体功能区建设。根据资源环境承载能力和国土空间开发适宜性评价结果，明确各区域的主体功能定位，引导产业合理布局和人口有序流动，形成优势互补、高质量发展的区域发展格局。

第三，促进资源节约集约利用。通过优化用地结构、提高土地利用效

率等措施，大力推进自然资源节约集约利用，为经济社会发展提供坚实的资源保障。

第四，加强自然保护地体系建设。全面推动自然保护地体系建设，开展“大美自然”建设重大行动，加强生态保护修复，完善生态保护修复制度机制，确保生态系统质量和稳定性持续提升。

推动高质量发展国土空间开发新格局是一项长期而艰巨的任务。未来，我国将继续深化国土空间规划体系改革，推动形成更加科学、合理、高效的国土空间布局。同时，加强与国际社会的交流合作，借鉴国际先进经验和技术手段，不断提升我国国土空间规划和管理水平。

二、建立国土空间规划体系的主要目标

（一）到 2025 年的主要目标

第一，健全国土空间规划法规政策和技术标准体系。到 2025 年，首要任务是建立健全国土空间规划的法规政策框架，确保规划工作的法治化、规范化。这包括制定和完善相关法律法规，明确各级政府在国土空间规划中的职责与权限，以及规划编制、审批、实施和监督的程序要求。同时，要构建一套科学合理的技术标准体系，为规划编制提供统一的技术指导和评估依据，确保规划的科学性以及可操作性。

第二，全面实施国土空间监测预警和绩效考核机制。为了有效监控国土空间规划的实施效果，需建立全面的监测预警系统。通过遥感、GIS 等现代信息技术手段，对国土空间开发利用情况进行实时监测，及时发现和预警潜在问题。此外，还需建立绩效考核机制，将国土空间规划执行情况纳入地方政府和相关部门的考核体系，激励各地严格按照规划要求进行国土空间开发保护。

第三，形成以国土空间规划为基础、以统一用途管制为手段的国土空间开发保护制度。以国土空间规划为引领，明确各类空间的功能定位以及发展方向，确保国土空间资源的合理配置和高效利用。同时，实施统一的用途管制制度，严格限制不符合规划要求的土地开发利用行为，保护耕地、林地、湿地等重要生态资源，维护国家生态安全。

(二) 到2035年的长远愿景

第一，全面提升国土空间治理体系和治理能力现代化水平。到2035年，我国将致力于构建更加完善、高效的国土空间治理体系，实现治理能力的现代化。这包括加强规划、政策、法规、技术等多方面的协同配合，形成上下联动、左右协同的工作格局。同时，运用大数据、云计算等现代信息技术手段，提升国土空间治理的智能化、精细化水平。

第二，基本形成生产空间集约高效、生活空间宜居适度、生态空间山清水秀的空间格局。在生产空间方面，通过优化产业布局、提高土地利用效率，实现生产活动的集约化和高效化。在生活空间方面，注重提升城市品质和居住环境，打造宜居适度、舒适便捷的生活空间。在生态空间方面，加强生态保护与修复，维护生物的多样性，实现山清水秀、人与自然和谐共生的美好愿景。

第三，最终目标是构建一个安全和谐、富有竞争力和可持续发展的国土空间格局。这要求我们在国土空间规划中充分考虑国家安全、社会稳定和经济发展的需要，确保国土空间资源的可持续利用和生态环境的长期保护。同时，通过优化资源配置、促进创新发展，提升国家的整体竞争力和可持续发展能力。

三、建立国土空间规划体系的具体要求

(一) 体现战略性

建立全国统一、责权清晰、科学高效的国土空间规划体系是新时代我国国土空间开发保护的重要任务。这一体系不仅要求综合考虑人口分布、经济布局、国土利用和生态环境保护等因素，科学布局生产空间、生活空间和生态空间，而且需要在规划编制和实施过程中充分体现战略性。建立国土空间规划体系时战略性的体现如下：

1. 落实指导思想与战略定位

在建立国土空间规划体系时，必须全面贯彻党的相关会议精神，紧紧围绕统筹推进“五位一体”总体布局和协调推进“四个全面”战略布局。规划要

体现国家意志和国家发展规划的战略性，自上而下编制各级国土空间规划，对空间发展做出战略性系统性安排。这要求我们在规划编制过程中，必须全面落实党中央、国务院的重大决策部署，确保规划方向与国家政策保持一致。

2. 明确空间发展目标与策略

体现战略性的关键在于明确空间发展目标，优化城镇化格局、农业生产格局和生态保护格局。在国土空间规划中需要确定空间发展策略，转变国土空间开发保护方式，提升国土空间开发保护的质量和效率。这要求在规划过程中不仅要考虑当前的发展需求，还要预见未来的发展趋势，确保规划具有前瞻性和可持续性。

3. 强化国家发展规划的统领作用

在国土空间规划体系中，国家发展规划应发挥统领作用。各级国土空间规划必须与国家发展规划相衔接，确保规划内容的一致性和协调性。同时，国土空间总体规划要统筹和综合平衡各相关专项领域的空间需求，确保各项规划在空间上的合理布局和协调发展。这要求在规划编制过程中，必须强化国家发展规划的引领作用，确保各项规划在战略层面上的高度统一。

4. 注重规划的科学性和可操作性

体现战略性的国土空间规划必须注重科学性和可操作性。在规划编制过程中，我们需要坚持生态优先、绿色发展，尊重自然规律、经济规律、社会规律和城乡发展规律。同时，规划还需要明确规划约束性指标和刚性管控要求，提出指导性要求，确保规划能够落地实施。这要求在规划过程中不仅要注重规划的理论性和前瞻性，还要注重规划的实践性和可操作性。

5. 加强规划的实施与监管

规划的实施与监管是体现战略性的重要环节。在规划实施过程中，我们需要建立健全规划实施传导机制，确保规划能够得到有效执行。同时，我们还需要加强对规划实施情况的监管和评估，及时发现和纠正规划实施中的问题。这要求在规划过程中必须注重规划的实施效果和监管力度，确保规划能够真正发挥战略引领作用。

建立国土空间规划体系时体现战略性是一项复杂而艰巨的任务。我们需要从指导思想、空间发展目标与策略、国家发展规划的统领作用、规划的科学性和可操作性以及规划的实施与监管等方面入手，确保规划能够真正体现国家意志和国家发展规划的战略性。

(二) 提高科学性

在新时代背景下，建立科学、合理、高效的国土空间规划体系已成为推动国家可持续发展的关键举措。这一体系不仅要求我们在规划编制过程中提高科学性，还须坚持生态优先、绿色发展的基本原则，深刻理解和尊重自然规律、经济规律、社会规律以及城乡发展规律，因地制宜地开展工作，以实现国土空间资源的高效配置与和谐共生。

1. 技术创新与数据支撑

科学性是国土空间规划体系的基础。要充分利用现代信息技术，如地理信息系统（GIS)、遥感技术、大数据分析等，对国土空间进行精准测绘、动态监测与综合分析，为规划决策提供科学依据。同时，加强跨学科研究，整合经济学、生态学、社会学等多领域知识，构建科学评估模型，预测规划实施的社会经济影响和环境效应，确保规划方案的前瞻性和可行性。

2. 生态优先

生态优先意味着在国土空间规划中，必须将生态环境保护放在首位，以确保经济发展不以牺牲环境为代价。这要求我们在规划布局时，严格划定生态保护红线，以保护生物多样性，恢复和提升生态系统服务功能。推动形成绿色发展方式和生活方式，鼓励低碳循环经济发展，促进资源节约和循环利用，以实现人与自然和谐共生。

3. 绿色发展

绿色发展是国土空间规划的核心目标之一。通过优化国土空间结构引导产业合理布局，支持绿色产业和新兴产业集聚发展，减少对传统高污染、高能耗产业的依赖。同时，加强基础设施建设，特别是绿色交通体系和清洁能源供应体系的建设，提高能源使用效率和环境承载能力，促进经济高质量发展与生态环境保护的双赢。

4. 尊重规律

规划工作必须尊重并顺应自然规律、经济规律、社会规律和城乡发展规律。自然规律要求我们遵循地理环境的自然条件和生态承载力，合理布局生产、生活和生态空间；经济规律强调市场导向和资源配置效率，促进区城协调发展；社会规律关注公平正义，确保规划成果惠及全民，促进社会和谐；城乡发展规律则要求我们在城镇化进程中，注重城乡融合，避免过度集中带来的“城市病”，同时激发乡村活力，实现城乡一体化发展。

5. 因地制宜

我国地域辽阔，自然条件、经济发展水平、文化背景差异显著。因此，国土空间规划必须坚持因地制宜，根据不同地区的实际情况，制定差异化的规划策略。这包括根据资源禀赋确定产业发展方向，依据人口流动趋势调整城镇体系布局，结合文化传承和生态保护需求，打造各具特色的地域风貌，实现国土空间发展的多元化和特色化。

(三) 加强协调性

1. 促进“多规合一”，形成发展合力

构建国土空间规划体系的首要任务是加强协调性，打破过去各部门规划各自为政的局面，推动“多规合一”。这要求建立跨部门、跨层级的协调机制，确保各类规划在目标设定、空间布局、时序安排上相互衔接、互为支撑。通过信息共享平台，实现规划数据的互联互通，为科学决策提供精准支撑。同时，加强公众参与和社会监督，让规划更加贴近民生，反映社会多元需求，形成政府、市场、社会共同参与的规划治理格局。

2. 建立多层级联动机制

(1) 明确层级职责，实现上下贯通

建立多层级联动机制，首先需要清晰界定国家、省、市、县乃至乡镇各级政府在国土空间规划中的职责定位。国家层面应侧重于制定战略规划框架、确定基本空间格局和重大政策导向；省级政府则依据国家战略，细化区域发展策略，协调跨区域资源分配；市县级政府则需结合地方实际，落实上级规划要求，编制具体实施方案。通过明确各级职责，确保规划从上至下既有宏观指导，又有微观落地，形成上下联动、有机衔接的规划体系。

(2) 强化公众参与，促进规划民主

多层级联动不能仅限于政府内部，还应广泛吸纳社会公众、企业和专家学者的意见。通过建立公众参与平台、开展规划听证会、利用互联网＋规划等方式，增强规划的透明度与公众参与度，使规划更加贴近民生、反映民意，从而增强规划的实施效果和社会认可度。

3. 强化跨部门协同合作

(1) 构建协同平台，打破信息壁垒

国土空间规划涉及自然资源、生态环境、城乡建设、交通运输、农业农村等多个领域，各部门间信息共享不畅、政策冲突等问题时有发生。因此，建立跨部门协同工作平台，利用大数据、云计算等现代信息技术手段，实现规划数据的实时共享与高效整合，是打破信息孤岛、提升决策科学性的关键。

(2) 明确协同机制，优化资源配置

在协同平台上，应进一步明确各部门在规划编制、审批、实施及监督等环节中的责任分工与协作流程，确保规划过程中各项任务无缝对接、高效推进。同时，探索建立跨部门项目联合审批、资金统筹使用等机制，优化资源配置，避免重复建设和资源浪费，提高规划执行效率。

(3) 强化法规保障，完善评价体系

为保障跨部门协同的有效实施，还需从法律法规层面加以支撑，明确协同工作的法律依据和责任追究机制。同时，建立一套科学合理的规划评估与反馈机制，定期对规划实施效果进行监测、评估，并根据评估结果及时调整优化规划方案，形成闭环管理，确保规划目标的有效达成。

4. 统筹与综合平衡各相关专项领域的空间需求

国土空间总体规划需综合考虑交通、能源、水利、环保、城乡建设等多个专项领域的空间需求，通过科学合理的规划布局以实现各领域的协调发展。这要求建立跨领域的规划协调机制，确保各项专项规划在空间布局上相互协调、在时间安排上相互衔接，进而避免重复建设和资源浪费。同时，注重区域差异性和特殊性，根据不同地区的资源禀赋、环境容量、发展潜力等因素，制定差异化的空间发展策略，促进区域间的优势互补和协同发展，实现经济效益、社会效益、生态效益的有机统一。

通过加强协调性、强化国家发展规划的统领作用和国土空间规划的基础作用，以及统筹综合平衡各相关专项领域的空间需求，可以有效推动国土空间资源的合理配置与高效利用，为我国经济社会持续健康发展提供有力支撑。

(四) 注重操作性

一个科学、合理且操作性强的国土空间规划体系，不仅能够引领国家长远发展，还能确保各项规划措施有效落地，实现经济社会与生态环境的和谐共生。因此，建立国土空间规划体系时，必须高度重视其实操性，确保规划能够顺利实施，并在执行过程中得到有效的监督与管理。

1. 明确规划目标，强化操作性导向

国土空间规划体系的构建需从国家整体发展战略出发，明确长远目标与阶段性任务，确保规划内容既具有前瞻性，又具备可操作性。规划目标的设定应具体到可量化的指标上，如土地利用效率提升比例、生态保护红线划定范围、城镇化率增长目标等，以便后续实施与评估。同时，规划应充分考虑地方特色与差异，避免“一刀切”，确保规划方案贴近实际，易于执行。

2. 细化规划内容，增强实施可行性

规划内容的细化是提升操作性的关键。在国土空间规划中应详细规划各类用地布局、基础设施建设、生态环境保护、资源开发利用等方面，明确空间管制要求，如划定永久基本农田、生态保护红线、城镇开发边界等。此外，规划还需注重与现有法律法规、政策体系相衔接，确保规划内容的合法性与合规性，减少实施过程中的法律障碍。通过细化规划内容，为各级政府和相关部门提供清晰的行动指南，增强规划的可实施性。

3. 强化技术支撑，提升规划科学性

现代信息技术的快速发展为国土空间规划提供了强有力的支持。运用 GIS（地理信息系统）、遥感技术、大数据分析等先进手段，可以更加精准地掌握国土空间资源现状，预测未来发展趋势，提高规划的科学性和准确性。同时，建立规划信息平台，实现规划数据的共享与动态更新，便于规划实施过程中的监测与评估，确保规划调整及时、决策科学。

4. 完善监督机制，确保规划有效实施

规划的生命在于实施，而实施的关键在于监督。建立健全国土空间规划实施监督机制，包括设立独立的监管机构，明确监督职责，制定详细的监督流程和标准，确保规划执行过程中的每个环节都能得到有效监控。利用现代信息技术手段，如卫星遥感监测、无人机巡查等，提高监督效率与覆盖面。同时，建立规划实施评估体系，定期对规划执行情况进行评估，及时发现问题并采取措施予以纠正，确保规划目标如期实现。

5. 加强公众参与，增强规划认同感

国土空间规划涉及公众切身利益，加强公众参与是提升规划可操作性的重要途径。通过公开规划信息、召开听证会、问卷调查等方式广泛听取社会各界意见，使规划更加符合民众需求，增强规划的社会认同感和接受度。同时，通过宣传教育，提高公众对国土空间规划重要性的认识，形成良好的社会氛围，为规划实施创造有利条件。

（五）构建高质量、高效率、公平与可持续的国土空间规划体系

1. 高质量

高质量的国土空间规划体系首先要注重优化国土空间布局，通过科学划定生态保护红线、永久基本农田、城镇开发边界等“三条控制线”，确保生态安全、粮食安全与城镇化健康发展。同时，推动产业转型升级，引导资源密集型、高污染产业向绿色低碳、高科技含量方向转变，促进区域间产业协同发展，形成优势互补、高质量发展的区域经济布局。此外，加强基础设施建设特别是交通、信息网络、水利等关键领域，提升城乡基础设施一体化水平，为经济社会发展提供坚实支撑。

2. 高效率

高效率的国土空间规划体系要求强化规划的权威性和约束力，确保各类开发活动在规划框架内进行，避免无序扩张和重复建设。通过大数据、云计算、人工智能等现代信息技术手段，提升规划编制、审批、实施及监管的智能化水平，实现空间资源的高效配置和精准管理。同时，深化“放管服”改革，简化审批流程，提高行政效率，为市场主体创造更加宽松便利的发展环境，激发市场活力和社会创造力。

3. 公平

公平是国土空间规划的重要原则。要着力解决区域发展不平衡问题，通过实施区域重大战略和区域协调发展战略，如京津冀协同发展、长江经济带发展、粤港澳大湾区建设等，促进东中西和东北四大板块协调发展，推动城乡融合发展。加大对革命老区、民族地区、边疆地区、贫困地区等特殊类

型地区的支持力度，通过政策倾斜、资金扶持、人才引进等措施，加快这些地区经济社会发展，逐步缩小区域间、城乡间的发展差距，实现共同富裕。

4. 可持续性

可持续性要求国土空间规划必须将生态环境保护放在首位，坚持绿水青山就是金山银山的理念，构建生态文明体系。通过实施生态系统保护和修复重大工程，提升生态系统质量以及稳定性，维护生物多样性。推动形成绿色发展方式和生活方式，大力发展循环经济，促进资源节约和循环利用。加强环境监管和治理，严格控制污染物排放，改善环境质量，确保经济社会发展不超越资源环境承载能力，为子孙后代留下天蓝、地绿、水清的美好家园。

总之，构建高质量、高效率、公平与可持续的国土空间规划体系，是新时代我国经济社会发展的必然要求，也是实现中华民族永续发展的战略选择。这需要政府、市场、社会等多方面的共同努力，不断创新规划理念、完善规划体系、强化规划实施，共同绘制一幅人与自然和谐共生的美好图景。

第二节　国土空间规划的编制审批体系

一、国家层面的统一部署

(一) 主要目标

国土空间规划的编制审批体系主要目标包括：

第一，建立统一的国土空间规划体系。通过整合主体功能区规划、土地利用规划、城乡规划等，实现“多规合一”，提升国土空间治理能力。

第二，优化国土空间开发格局。引导要素合理流动和落位，推动形成主体功能约束有效、国土开发协调有序的空间发展格局。

第三，提高资源利用效率。通过实施严格的国土空间用途管制，提高土地要素的配置精准性和利用效率。

第四，支撑经济社会高质量发展。持续做好用地要素保障，支持重大建设项目快速落地，推动经济社会持续健康发展。

(二) 总体框架

国土空间规划的总体框架可以概括为“五级三类四体系”，具体内容包括：

1. 分级分类建立国土空间规划

国土空间规划分为五级三类，五级对应我国的行政管理体系，包括国家级、省级、市级、县级、乡镇级；三类则分为总体规划、详细规划、相关专项规划。

第一，国家级规划。对全国国土空间做出全局安排，是全国国土空间保护、开发、利用、修复的政策和总纲。

第二，省级规划。落实国家规划的重大战略、目标任务和约束性指标，提出省域国土空间组织的战略方案，合理配置国土空间要素。

第三，市级规划。结合本市实际，落实国家级、省级的战略要求，提出提升城市能级和核心竞争力的战略指引，确定市域国土空间保护、开发、利用、修复、治理总体格局。

第四，县级规划。落实上位规划的战略要求和约束性指标，重点突出空间结构布局、生态空间修复和全域整治、乡村发展和活力激发等。

第五，乡镇级规划。体现落地性、实施性和管控性，对具体地块的用途做出确切的安排，对各类空间要素进行有机整合。

2. 强化对专项规划的指导约束作用

相关专项规划强调专门性，一般由自然资源部门或相关部门组织编制，可在国家级、省级和市县级层面进行编制。专项规划应遵循国土空间总体规划，不得违背总体规划的强制性内容，其主要内容要纳入详细规划。

第一，城市群、都市圈规划。为特定区域的空间开发保护利用做出专门性安排。

第二，交通、水利等专项规划。为特定领域的功能实现做出专门性安排。

3. 在市县及以下编制详细规划

详细规划强调实施性，一般在市县以下组织编制，是对具体地块用途和开发强度等做出的实施性安排。详细规划是开展国土空间开发保护活动、实施国土空间用途管制、核发城乡建设项目规划许可、进行各项建设的法定依据。

第一，城镇开发边界内。由市县自然资源主管部门编制详细规划，报同级政府审批。

第二，城镇开发边界外。由乡镇人民政府编制村庄规划作为详细规划，报上一级政府审批。

(三) 编制要求

国家层面对国土空间规划编制的首要要求是全面落实党中央、国务院的重大决策部署，体现国家意志和国家发展规划的战略性。这意味着各级国土空间规划必须自上而下进行编制，对空间发展做出战略性、系统性安排，落实国家安全战略、区域协调发展战略和主体功能区战略。这些规划要明确空间发展目标，优化城镇化格局、农业生产格局和生态保护格局，推动国土空间的高质量发展和可持续发展。

在编制过程中，国家强调生态优先、绿色发展，尊重自然规律、经济规律、社会规律和城乡发展规律。各级规划应因地制宜，科学有序地统筹布局生态、农业、城镇等功能空间，划定生态保护红线、永久基本农田、城镇开发边界等空间管控边界，以及各类海域保护线，强化底线约束，为可持续发展预留空间。同时，要坚持山水林田湖草生命共同体理念，加强生态环境分区管治，推进生态系统保护和修复。

国家层面的规划还要求强化国家发展规划的统领作用，强化国土空间规划的基础作用。国土空间总体规划要统筹和综合平衡各相关专项领域的空间需求，详细规划要依据批准的国土空间总体规划进行编制和修改，相关专项规划要遵循国土空间总体规划，不得违背总体规划的强制性内容。这一体系确保了各级各类国土空间规划之间的协调性和一致性。

在规划实施方面，国家要求各级自然资源主管部门要坚决贯彻党中央、国务院关于“多规合一”改革的战略部署，将主体功能区规划、土地利用规划、城乡规划等空间规划融合为统一的国土空间规划。通过“多规合一”，实现规划的全覆盖和一张蓝图干到底，减少规划类型过多、内容重叠冲突等问题，提高规划的执行效率和权威性。

此外，国家还强调规划的监督和管理。经批准的国土空间规划是各类开发、保护、建设活动的基本依据，不符合国土空间规划的工程建设项目，不得办理用地用海审批和土地供应等手续，不予确权登记。国家自然资源督察机构将按照职责，适时对地方政府国土空间规划实施情况开展督察，确保规划的严肃性和权威性。

二、各级国土空间总体规划编制

（一）国家级国土空间规划编制

随着我国发展过程中各类空间规划日益繁杂、相互掣肘且数据时有冲突等问题的出现，2019 年开始将主体功能区规划、土地利用规划、城乡规划等空间规划融合成统一的国土空间规划，以实现“多规合一”，国家级国土空间规划编制也在此背景下开展。其意义在于从国家层面统筹国土空间的保护、开发、利用和修复等工作，为国家可持续发展奠定基础等。

1. 编制的一般步骤

（1）成立领导小组

由政府领导、相关部门负责人和专家组成规划编制领导小组，负责规划编制的领导和协调工作。这有助于整合各方资源，从宏观层面把握规划方向，协调不同部门间的利益和工作安排等。

（2）制定编制计划

明确规划编制的目标、任务、时间节点和预算等。例如确定规划要达到的空间布局优化目标、需要完成的各类调研任务、各个阶段的时间安排以及所需的资金预算等。

（3）开展前期研究

对区域发展现状、资源环境条件、经济社会发展趋势等进行深入调研和分析。例如评估国家现有自然资源的分布与储量、当前的经济发展结构与速度、社会人口分布与流动趋势等，从而确定规划的基本思路和目标。

（4）组织编制团队

组建包括规划师、经济学家、社会学家、环境学家等领域专家的团队，各领域专家从自身专业角度为规划编制提供支持。规划师负责空间布局规划，经济学家分析经济发展与空间布局的关系，社会学家考虑社会结构与空间利用的协调，环境学家注重生态保护等方面的规划。

(5) 编制规划方案

涵盖总体规划、详细规划和专项规划等不同层级的规划方案。明确各层级规划的目标，如国家级层面的总体发展目标；指标，如各类用地的规模指标等；措施，如对特定区域开发的管控措施；政策，如土地利用相关政策等。

(6) 进行规划方案论证

组织相关部门、专家和公众对规划方案进行评估和论证。相关部门从职能管理角度提出意见，专家依据专业知识判断方案合理性，公众则反映自身需求和利益诉求，进而完善规划方案。

(7) 报请审批

将最终的规划方案报请政府审批，通过后公布实施。确保规划符合国家整体发展战略和政策要求。

2. 编制过程中的特殊要求与重点

(1) 注重公众参与和协调合作

在编制过程中充分听取各方面意见。公众参与可通过多种方式，如公开征求意见、举行听证会等，确保规划反映不同群体利益，保证规划的科学性、合理性和可行性。同时，加强与相关部门的沟通和协调，避免规划冲突和矛盾。例如与交通部门协调交通基础设施布局规划，与环保部门协同生态保护规划等。

(2) 做好相关基础工作和评价工作

开展资源环境承载能力和国土空间开发适宜性评价工作，确定生态、农业、城镇等不同开发保护利用方式的适宜程度。同时在对国土空间开发保护现状评估和未来风险评估的基础上，专题分析对本地区未来可持续发展具有重大影响的问题，积极开展国土空间规划前期研究。

(二) 省级国土空间规划编制

省级国土空间规划作为国家空间治理体系与治理能力现代化的重要组成部分，承载着落实全国国土空间规划纲要、指导地方可持续发展、促进区域协调发展的重任。它不仅是对国家宏观战略的具体化实施，也是地方经济社会发展和生态环境保护的综合性、战略性部署，其编制工作意义重大，影响深远。

1. 省级国土空间规划的定位与作用

省级国土空间规划是对全国国土空间规划纲要的深化与细化，是在国家整体空间布局框架下，结合本省自然地理条件、经济社会发展状况、资源环境承载能力等因素，制定的具有地方特色的国土空间开发保护方案。它不仅是一定时期内省域国土空间保护、开发、利用、修复的政策导向和行动总纲，而且是编制省级相关专项规划、市县及以下层级国土空间规划的基本遵循，发挥着承上启下、统筹协调的关键作用。这一规划的战略性体现在对长远发展目标的设定与路径规划上，旨在通过科学布局，推动形成绿色发展方式和生活方式；协调性则体现在平衡保护与发展的关系，协调地方与中央、城市与城市、部门与部门之间的空间需求，促进区域间经济社会的均衡与协同发展；综合性体现在整合了主体功能区规划、土地利用规划、城镇体系规划等多个领域的内容，形成了一套全面、系统的规划体系；而约束性则确保了规划内容的刚性执行，保障国土空间开发保护活动的有序进行。

省级国土空间规划还是保护与发展、地方与中央、城市与城市、部门与部门之间空间协调的重要平台。它要求在多维度、多层次上进行利益协调与资源整合，确保各项规划在空间上的有机衔接和统一实施。通过规划的实施，可以有效解决区域发展不平衡、不充分的问题，促进经济社会全面绿色转型，进而实现人与自然和谐共生。

2. 省级国土空间规划编制的核心内容

(1) 主体功能区规划

明确全省范围内不同区域的主体功能定位，如优化开发区域、重点开发区域、限制开发区域和禁止开发区域，通过差异化政策引导，促进人口、经济、资源环境的空间均衡布局。

(2) 土地利用规划

合理确定耕地保有量、建设用地规模、生态保护红线等关键指标，优化土地利用结构和布局，保障粮食安全、经济发展与生态安全的用地需求。

(3) 城镇体系规划

构建科学合理的城镇体系，明确中心城市、中小城市和小城镇的功能定位与发展方向，促进大中小城市和小城镇协调发展，提升城镇综合承载能力和辐射带动作用。

(4) 生态保护与修复

加强生态系统保护与修复，划定并严守生态保护红线，实施山水林田湖草沙一体化保护和系统治理，进而构建生态安全屏障。

(5) 综合交通与基础设施网络

优化交通、水利、能源、信息等基础设施建设布局，提升基础设施网络的综合效率和服务水平，支撑经济社会高质量发展。

3. 省级国土空间规划编制进展

我国省级国土空间规划编制的进展如下：

(1) 所有省级国土空间规划已全部批准实施

2024 年 12 月 20 日，自然资源部宣布我国所有省级国土空间规划已全部获得批准并实施，标志着各级各类规划取得阶段性进展。《湖北省国土空间规划（2021—2035 年）》的获批，意味着所有省级国土空间规划已全部批准实施。

(2) 济南市 7 个区县级国土空间规划审批加快

2024 年 12 月 24 日，济南市自然资源和规划局加快了 7 个区县级国土空间规划的审批工作，包括长清、章丘、济阳、莱芜、钢城、济南新旧动能转换起步区和市南部山区。

(3) 省级国土空间规划批复文件合集

已有 31 个省级国土空间规划批复文件合集可供研阅，其中江苏、广东、山东、江西、山西、甘肃、吉林、四川、安徽 9 省政府正式印发全文。

上述进展体现了我国在国土空间规划领域的统一部署和实施成效，为构建合理有序的开发保护格局提供了重要基础性作用。

(三) 市县国土空间总体规划编制

1. 市县国土空间总体规划编制任务要求

市县国土空间总体规划作为城市发展的重要指导性文件，承载着实现

“两个一百年”奋斗目标的历史使命，是城市践行新发展理念、推动高效能空间治理、促进高质量发展和高品质生活的关键所在。这一规划不仅是市域国土空间保护、开发、利用与修复的行动指南，也是指导各类建设活动、实施国土空间用途管制的基本依据。因此，科学合理地编制市县国土空间总体规划，确保其综合性、战略性、协调性、基础性和约束性，对于城市的可持续发展具有深远意义。

(1) 综合性

市级国土空间总体规划需综合考虑自然资源、生态环境、经济社会发展等多方面因素，形成多规合一的发展蓝图。这意味着在规划编制过程中，要打破部门壁垒，实现自然资源、城乡规划、土地利用、环境保护等规划的有机融合，确保规划内容的全面性、系统性和协调性。通过科学划定生态保护红线、永久基本农田、城镇开发边界等，构建起既保护又发展的空间格局，实现经济效益、社会效益与环境效益的和谐统一。

(2) 战略性

规划应立足当前，着眼长远，紧密结合国家发展战略和地方实际，明确城市发展的总体方向、功能定位、空间布局和阶段性目标。特别是要围绕“两个一百年”奋斗目标，聚焦“创新、协调、绿色、开放、共享”五大发展理念，制定具有前瞻性和引领性的空间发展战略，为城市的长远发展奠定坚实基础。

(3) 协调性

市级国土空间总体规划需强化区域协同，促进城市与周边地区的联动发展，形成优势互补、协同共进的发展格局。同时，注重城乡融合发展，通过优化城乡空间布局，推动基础设施和公共服务向农村延伸。此外，还要加强与上级规划的衔接，确保地方规划符合国家总体发展战略，实现上下联动、规划协同。

(4) 基础性

规划应作为国土空间治理的基础性文件，为后续的详细规划、专项规划以及各类开发保护建设活动提供基本遵循。这要求规划内容翔实、数据准确、标准统一，能够为规划实施提供可靠依据。同时，要加强规划信息化建设，运用大数据、云计算等现代信息技术手段提升规划编制、审批、实施和监督的效率和精准度。

(5) 约束性

市级国土空间总体规划应具有法定约束力，确保规划一经批准，任何单位和个人不得随意修改。通过建立完善的规划实施监督机制和责任追究制度，加强对规划执行情况的监督检查，确保规划意图得到有效落实。同时，鼓励公众参与规划编制和实施过程，增强规划的社会认同感和执行力。

2. 市县国土空间总体规划编制的核心内容

(1) 市域规划

市域层面是国土空间总体规划的基础和宏观框架，其核心在于统筹全域范围内的自然、经济、社会、文化等多要素，进行系统性、战略性的规划管理。市域规划需关注以下几个方面：

①国土空间开发保护战略。明确区域发展定位，划定生态保护红线、永久基本农田、城镇开发边界等关键控制线，确保国土空间开发保护格局的科学合理。

②资源优化配置。根据资源环境承载能力，合理安排土地利用、水资源管理、矿产资源开发等，以促进资源节约集约利用。

③基础设施与公共服务设施布局。构建高效便捷的基础设施网络，包括交通、能源、水利、信息网络等，同时优化公共服务设施布局，提升城乡基本公共服务均等化水平。

④区域协同发展。加强与周边地区的联动发展，推动区域一体化进程，形成优势互补、协同发展的空间格局。

(2) 中心城区规划

中心城区作为城市发展的核心区域，其规划编制需更加注重土地使用的高效集约和空间布局的科学合理，旨在提升城市功能、优化空间结构、增强城市竞争力。具体如下：

①土地使用细化。明确各类用地的性质、规模、强度等，特别是商业、居住、工业、绿地等不同功能区的合理布局，促进土地资源的高效利用。

②功能完善。根据城市发展需求，完善公共服务设施、商业服务设施、文化娱乐设施等，提升城市生活品质。

③结构优化。通过优化交通网络、提升公共空间品质、加强历史文化

遗产保护等措施，塑造宜居宜业、富有特色的城市风貌。

④生态环境保护与修复。在中心城区内部及周边，加强绿地系统建设，实施水体、土壤等生态要素的保护与修复，构建绿色生态屏障。

(3) 市域与中心城区的衔接与传导

市域与中心城区规划的有效衔接，是实现国土空间整体优化的关键。这要求：

①重要管控要素的系统传导。确保生态保护红线、永久基本农田保护红线、城镇开发边界等关键控制线在市域与中心城区之间的一致性和连续性，维护规划的权威性和约束力。

②规划政策的协同实施。在土地利用、产业发展、生态环境保护等方面，制定协调一致的规划政策和实施策略，促进市域与中心城区的一体化发展。

3. 我国市县国土空间总体规划编制的进展

以下是2024年我国市县国土空间总体规划编制的主要进展，以及相关事件和时间：

(1) 市县国土空间总体规划批复实施比例

截至2024年9月29日，超过84%的市县国土空间总体规划已批复实施。

(2) 城市国土空间总体规划批复

包括南京、广州、深圳、成都、沈阳、杭州在内的22个城市的国土空间规划已获得国家批复。

(3) 市县国土空间总体规划数据库启用

2024年，市县国土空间总体规划数据库已全面启用，按照国土空间规划数据库标准，做好市县两级总体规划数据的报汇交工作。

上述进展体现了我国在国土空间规划领域的工作正在稳步推进，为构建合理有序的开发保护格局发挥了重要的基础性作用。

(四) 乡镇国土空间总体规划编制

乡镇国土空间总体规划作为五级规划体系的基础环节，承担着将上级规划意图转化为可操作、可实施的具体措施的重任。它不仅是本行政区域内国土空间保护、开发、利用的具体安排，也是后续详细规划编制和国土空间用途管制的基本依据。通过科学编制乡镇国土空间总体规划，可以有效促进土地资源的高效配置，优化城乡空间布局，推动经济社会可持续发展，助力乡村振兴战略的有效实施。

1. 乡镇国土空间总体规划编制的原则

(1) 上下衔接，协同推进

确保规划内容与上级国土空间规划相衔接，同时考虑乡镇自身发展特点和需求，实现上下联动、区域协同。

(2) 以人为本，宜居宜业

注重提升居民生活品质，完善基础设施和公共服务设施，促进产业转型升级，打造宜居宜业的乡镇环境。

(3) 因地制宜，特色发展

充分挖掘乡镇地域文化、自然资源等优势，推动差异化、特色化发展，避免“千镇一面”。

(4) 刚弹结合，动态调整

既要确保规划的严肃性和权威性，又要留有一定的弹性空间，以适应未来不确定性的变化需求。

2. 乡镇国土空间总体规划编制的主要任务

(1) 现状分析与评估

全面调查乡镇自然资源、社会经济、生态环境等现状，评估国土空间开发利用中存在的问题与潜力，明确规划基础。

(2) 发展目标与策略

结合上级规划要求、乡镇自身条件及发展趋势，设定科学合理的国土空间发展目标，制定实现目标的具体策略。

(3) 空间布局优化

明确生态保护红线、永久基本农田、城镇开发边界等空间管控要素，优化生产、生活、生态空间布局，促进“三生”空间协调发展。

(4) 土地利用规划

细化土地利用分类，合理安排农用地、建设用地、未利用地等，保障粮食安全、促进城乡融合发展。

(5) 基础设施与公共服务设施规划

加强交通、水利、能源、信息等基础设施建设，完善教育、医疗、文化等公共服务设施布局，提升乡镇综合承载能力。

(6) 生态环境保护与修复

制定生态保护与修复措施，加强水资源管理，推进山水林田湖草沙一体化保护和系统治理。

(7) 实施保障与监管

建立规划实施机制，明确责任主体，制定政策措施，加强规划实施的监测评估与动态调整。

3. 乡镇国土空间总体规划编制的主要进展

以下是2024年我国乡镇国土空间总体规划编制的主要进展，以及相关事件和时间：

(1) 吉县7个乡镇国土空间总体规划征求意见稿公示

2024年12月18日，吉县政府门户网站发布公告，吉县7个乡镇级国土空间总体规划（2021—2035年）草案形成，并向社会公开公示征求意见，公示期限为2024年12月18日至2025年1月16日。

(2) 昌黎县刘台庄镇国土空间总体规划公示

2024年12月16日，昌黎县政府网站公示了《昌黎县刘台庄镇国土空间总体规划（2021—2035年）》(公示稿)，广泛征求社会各界意见建议，公示时间为2024年12月16日至2025年1月14日。

(3) 固镇县乡镇国土空间规划工作计划

2024年8月16日，固镇县政府公布了乡镇国土空间规划编制已完成招标工作，计划在2024年12月份形成规划成果。

(4) 杭州市建德市13个乡镇级国土空间总体规划批复

2024年12月18日，杭州市人民政府批复了建德市13个乡镇级国土空间总体规划（2021—2035年），成为各乡镇国土空间保护、开发、利用、修复的基本依据。

(5) 桐庐县9个乡镇国土空间规划全面完成乡镇人大审议

2024年4月8日，桐庐县9个乡镇国土空间规划全部通过各乡镇人大审议，其余4个街道和江南镇已作为中心城区规划一并纳入县级国土空间规划审批。

(6) 阳堌镇国土空间总体规划草案公示

2024年12月13日，杞县政府门户网站公示了《阳堌镇国土空间总体规划（2021—2035年）》草案，公示时间为2024年12月13日至2025年1月13日。

(7) 五华县双华镇国土空间总体规划草案公示

2024年12月21日，五华县政府门户网站公示了《五华县双华镇国土空间总体规划（2021—2035年）——镇村国土空间集成规划》规划草案，公示时间为2024年12月19日至2025年1月17日。

(8) 泰顺县南部片区乡镇级国土空间总体规划草案公告

2024年10月18日，泰顺县政府公告了《泰顺县南部片区乡镇级国土空间总体规划（2021—2035年）》草案，公告时间为2024年10月18日起至2024年11月17日。

(9) 曲沃县7个乡镇级国土空间总体规划公众征求意见稿公示

2024年11月19日至12月19日，曲沃县自然资源局发布曲沃县7个乡镇级国土空间总体规划公众征求意见稿予以公示，公开征求社会各界意见建议。

(10) 芜湖市湾沚区花桥镇国土空间总体规划公示

2024年12月24日，芜湖市湾沚区人民政府公示了《芜湖市湾沚区花桥镇国土空间总体规划（2021—2035年）》，公示时间为2024年12月24日至2025年1月23日。

这些进展显示了我国乡镇国土空间规划编制工作的积极推进，旨在实现国土空间的合理规划和有效管理。

三、国土空间详细规划编制

(一) 城镇开发边界内详细规划

1. 城镇开发边界内详细规划任务要求

(1) 法规依据与标准规范

详细规划的编制必须遵循《中华人民共和国城乡规划法》及其他相关法律法规，如《中共中央、国务院关于建立国土空间规划体系并监督实施的若干意见》等。同时，还需要参考上级详细规划编制的技术标准和规范规程，确保规划成果既符合国家标准，又契合地方特色。

(2) 规划全覆盖

详细规划的目标是逐步实现全覆盖，以优化空间结构、完善功能配置、激发发展活力。这需要市、县、镇自然资源主管部门全面开展详细规划的编制工作，按时完成综合性专题研究和详细规划编制单元的划定。

(3) 衔接与传导

详细规划需要与总体规划、专项规划以及各部门的空间利用需求充分协调，确保各类设施的空间布局和土地利用的合理性。同时，详细规划还要落实上位规划的强制性内容，通过规划传导，确保各项底线管控要求在地块层级得以落位。

(4) 刚弹结合与分类管制

详细规划编制要强化刚性约束，同时赋予弹性，提高适应性。规划成果应区分刚性约束、弹性调节和指引导向，以适应不同空间类型的差异化管控需求。

(5) 公共服务与基础设施

详细规划要将教育、文化、社区管理、养老服务、医疗卫生、交通、绿化等公共服务和基础设施需求融入其中，补齐城市和社区公共服务设施短板，提升城市功能和居民生活质量。

(6) 信息化与公众参与

详细规划编制要同步纳入国土空间规划“一张图”实施监督信息系统，实现规划数字化公开和数据共享。同时，要拓宽公众参与途径，建立全过程、多场景的意见征集体系，确保规划成果反映民意、体现民智。

2. 城镇开发边界内详细规划编制进展

近年来，城镇开发边界内详细规划的编制工作取得了显著进展，各地在推进规划全覆盖、完善技术标准、强化规划实施等方面取得了积极成果。

(1) 规划全覆盖加速推进

多地政府已明确规划编制的时间表和路线图，通过分步实施、逐步推进的方式，努力实现详细规划的全覆盖。例如，部分地区已计划在2027年前实现城镇开发边界内详细规划的全覆盖，并明确了各阶段的具体目标和任务。

(2) 技术标准与规范不断完善

随着规划编制工作的深入，各地在借鉴先进经验的基础上，结合本地实际情况，不断完善详细规划的技术标准和规范规程。这有助于提升规划的科学性和可操作性，确保规划成果符合地方特色和发展需求。

(3) 规划实施与评估取得实效

在规划实施过程中，各地注重开展规划实施评估工作，收集群众、企业、相关管理部门的利益诉求，总结现状特征，评估规划内容的实施情况。通过评估，及时发现并解决规划实施中的问题，确保规划的有效性和适用性。

(4) 信息化建设与公众参与持续推进

随着信息技术的不断发展，各地在详细规划编制中注重信息化建设，将规划成果纳入国土空间规划“一张图”管理，实现规划数字化公开和数据共享。同时，通过拓宽公众参与途径，建立意见征集体系，确保规划成果更加符合民意、体现民智。

(5) 特殊单元与重点地区的规划编制

对于涉及重点开发、城市更新、历史保护或战略留白等特殊要素的单元，各地在规划编制中注重分类引导，确保规划成果既符合总体要求，又体现特殊要素的特点和需求。同时，对于中心城区、重点开发地区等关键区域，优先开展详细规划的新编或修编工作，以推动区域发展。

(二) 村庄规划的编制

在乡村振兴的大背景下，村庄规划的编制成为推动农村发展的重要手段。村庄规划旨在通过科学合理的规划，优化农村空间布局，提升农村基础设施和公共服务水平，保护农村生态环境和历史文化资源，促进农村经济的可持续发展。下面将探讨村庄规划的编制任务要求及其进展。

1. 村庄规划的编制任务要求

(1) 明确村庄发展目标

村庄规划的编制首先要明确村庄未来发展的目标和方向。这需要根据上位规划，充分考虑村庄的人口资源环境条件、经济社会发展状况以及人居环境整治要求，制定村庄发展、国土空间开发保护和人居环境整治目标，并落实耕地保有量、基本农田保护面积、村庄建设用地规模等各项约束指标。

(2) 统筹生态保护与修复

村庄规划要注重生态保护与修复，落实生态保护红线划定成果，明确森林、河湖、草原等生态空间，尽可能保留乡村原有的地貌和自然形态，系统保护好乡村自然风光和田园景观。

(3) 统筹耕地和永久基本农田保护

保护耕地和永久基本农田是村庄规划的重要任务。规划要落实永久基本农田和永久基本农田储备区划定成果，落实补充耕地任务，守好耕地红线。同时，要统筹安排农、林、牧、副、渔等农业发展空间，推动循环农业和生态农业的发展。

(4) 统筹历史文化传承与保护

村庄规划还要注重历史文化资源的保护与传承。深入挖掘乡村历史文化资源，划定乡村历史文化保护线，提出历史文化景观整体保护措施，保护好历史遗存的真实性，防止大拆大建。

(5) 统筹基础设施和公共服务设施布局

规划要统筹考虑村庄发展布局以及基础设施和公共服务设施用地布局，规划建立全域覆盖、普惠共享、城乡一体的基础设施和公共服务设施网络。

(6) 统筹产业发展空间

村庄规划还要统筹城乡产业发展，优化城乡产业用地布局，引导工业向城镇产业空间集聚，合理保障农村新产业新业态发展用地。

(7) 统筹农村住房布局

规划要按照上位规划确定的农村居民点布局和建设用地管控要求，合理确定宅基地规模，划定宅基地建设范围，严格落实“一户一宅”。

(8) 统筹村庄安全和防灾减灾

规划要分析村域内地质灾害、洪涝等隐患，划定灾害影响范围和安全防护范围，提出综合防灾减灾的目标以及预防和应对各类灾害危害的措施。

2. 村庄规划的编制进展

近年来，村庄规划的编制工作取得了显著进展。

(1) 政策引导与支持

国家出台了一系列政策文件，如中央一号文件等，对村庄规划的编制提出了明确要求，并提供了政策支持和指导。这些政策文件的发布为村庄规划的编制提供了有力的制度保障。

(2) 分类编制与实施

为了适应乡村人口的变化趋势，优化村庄布局、产业结构和公共服务配置，各地开始分类编制村庄规划。一些地方将村庄划分为撤并搬迁类、城乡融合类、集聚提升类和特色保护类四大类，进行有针对性的规划编制和实施。

(3) 规划内容日益丰富

随着村庄规划工作的深入推进，规划内容也日益丰富和完善。除了传统的土地利用规划、基础设施和公共服务设施规划外，还增加了生态保护与修复规划、历史文化保护与传承规划、产业发展规划等内容，形成了综合性的村庄规划体系。

(4) 公众参与与监督

在村庄规划的编制过程中，越来越注重公众的参与和监督。通过召开村民大会、发放问卷等方式，广泛征求村民的意见和建议，确保规划符合村民的实际需求和利益诉求。同时，加强对规划实施情况的监督和检查，确保规划得到有效落实。

(5) 示范点与经验推广

一些地方在村庄规划方面取得了显著成效，成为示范点。这些示范点通过总结经验、推广做法，为其他地区提供了有益的借鉴和参考。

四、国土空间相关专项规划编制

国土空间规划的编制是国家空间发展的指南，也是各类开发保护建设活动的基本依据。为了提升国土空间规划的科学性和可操作性，出台专项规划编制导则和技术指南、开展国土空间专项规划编制探索、组织编制流域国土空间规划以及推进都市圈国土空间规划编制成为当前的重要任务。

（一）开展各类相关专项规划编制

1. 出台专项规划编制导则和技术指南

为确保国土空间专项规划编制工作的规范性和科学性，需要出台相应的专项规划编制导则和技术指南。这些导则和指南应涵盖规划编制的基本原则、目标、重点任务和编制要求。通过遵循这些导则和指南，可以确保国土空间规划与国家战略发展相一致，实现资源的高效利用和生态环境的保护。

专项规划编制导则和技术指南的制定应充分考虑区域特点和发展需求，明确规划的基本框架和核心内容。例如，在宿迁市的实践中，就制定了《宿迁市国土空间专项规划管理办法》，明确了专项规划编制、审查批准、实施监督等相关管理活动，确保专项规划在国土空间规划体系中的有效实施。

2. 开展国土空间专项规划编制探索

开展国土空间专项规划编制探索，是推动国土空间规划创新的重要举措。各地应根据自身特点和发展需求，选择具有代表性和示范意义的专项规划进行编制探索。这些专项规划可以涵盖生态保护与修复、农业、林业、矿产、文物保护、防灾减灾、自然保护地等领域。

在编制过程中，应注重规划的系统性、针对性和协调性，确保专项规划与国土空间总体规划、详细规划的有效衔接。同时，还要加强规划实施的监督和管理，确保规划的有效落地。

（二）组织编制流域国土空间规划

流域国土空间规划是国土空间规划体系中的重要组成部分。组织编制流域国土空间规划，需要充分考虑流域的自然特点和生态环境，明确流域内各类空间的开发保护要求和具体措施。

在编制过程中，应注重与上下游、左右岸相关地区的协调合作，确保规划的协调性与一致性。同时，还要加强规划实施的监督和管理，以确保规划的有效实施。

流域国土空间规划应明确流域内各类用地的空间布局和规模，包括农业用地、建设用地、生态用地等。同时，还要提出具体的生态保护、水资源利用和防洪减灾措施，确保流域的可持续发展。

（三）推进都市圈国土空间规划编制

都市圈国土空间规划编制是推动都市圈一体化发展的重要手段。推进都市圈国土空间规划编制，需要充分考虑都市圈内的城市间联系和协同发展需求，明确都市圈发展的目标愿景和具体路径。

在编制过程中，应注重规划的前瞻性和科学性，确保规划能够引领都市圈的发展。同时，还要加强规划实施的监督和管理，进而确保规划的有效实施。

都市圈国土空间规划应明确都市圈内的城镇体系、交通网络、生态保护、公共服务设施等关键要素的布局和安排。同时，还要提出具体的空间协同和分区统筹措施，确保都市圈内的城市间能够协调发展。

例如，在宿迁市的实践中，就注重加强都市圈内的交通、生态、产业等领域的协同规划，推动都市圈的一体化发展。同时，还通过编制专项规划，明确各类项目的选址和布局，为都市圈的发展提供了有力的支撑。

国土空间相关专项规划编制是推动国土空间发展的重要举措。通过出台专项规划编制导则和技术指南、开展国土空间专项规划编制探索、组织编制流域国土空间规划以及推进都市圈国土空间规划编制，可以不断提升国土空间规划的科学性和可操作性，为实现可持续发展目标提供有力的支撑。

第三节　国土空间规划的技术标准体系

一、建立国土空间规划标准化工作组织体系

为了全面提升国土空间治理体系和治理能力现代化水平，我国正加速推进国土空间规划标准化工作组织体系的构建，旨在通过科学、统一的标准体系，引领和支撑国土空间的高质量发展。

（一）技术标准体系的构建目标：2025年的宏伟蓝图

到2025年，我国致力于建立健全的国土空间规划法规政策和技术标准体系，这一宏伟目标是对当前国土空间治理现状的深刻反思，更是对未来可持续发展的前瞻布局。该体系的构建旨在实现以下几个核心目标：

第一，全面实施国土空间监测预警。通过建立高效的信息采集、处理与分析系统，实现对国土空间利用状况的实时监测和预警，及时发现并解决空间布局不合理、资源过度开发等问题。

第二，建立绩效考核机制。将国土空间规划的执行效果纳入政府绩效考核体系，激励地方政府和相关部门严格按照规划要求进行开发保护，以确保规划目标的实现。

第三，形成国土空间开发保护制度。以国土空间规划为基础，通过统一用途管制等手段，构建起覆盖全域、协调一致的开发保护制度，促进经济社会发展与生态环境保护的双赢。

(二)《国土空间规划标准体系建设三年行动计划(2025—2027年)》：深化"多规合一"改革的行动指南

为了进一步推进国土空间规划标准化工作，自然资源部与国家标准化管理委员会联合发布了《国土空间规划标准体系建设三年行动计划(2025—2027年)》(以下简称《行动计划》)。该计划作为未来三年国土空间规划标准体系建设的纲领性文件，明确了以下几项重点任务：

第一，完善全国统一的国土空间规划标准体系。通过整合现有各类空间规划标准，制定和修订一批基础性、通用性、关键性标准，形成覆盖规划编制、审批、实施、监督全链条的标准体系，确保规划的科学性、权威性和可操作性。

第二，强化标准化在规划全生命周期管理中的引领和支撑作用。从规划前期研究、方案编制到实施评估，每一个环节都要有相应的标准作为指导和依据，确保规划工作的高效、有序进行。

第三，推动"多规合一"改革不断深化。通过标准体系的建立和完善，促进各类空间规划在目标、指标、坐标、时限等方面的统一，实现"一张蓝图绘到底"，为构建高效协同的空间治理体系奠定坚实基础。

(三)行动计划的主要内容

1. 完善国土空间规划标准体系

行动计划的首要任务是对现有国土空间规划标准进行全面梳理与评估，对过时、不适应当前发展需求的标准进行提档或修订，确保标准的时效性和适用性。这包括但不限于土地利用规划、城乡规划、生态环境保护规划等关键领域，旨在形成一套既符合国际先进理念又贴合中国国情的国土空间规划标准体系。

2. 提升国土空间规划数字化治理水平

随着信息技术的快速发展，数字化转型已成为提升规划效能的关键路径。行动计划明确提出要利用大数据、云计算、人工智能等现代信息技术，构建国土空间规划信息平台，实现规划数据的集成共享、智能分析与动态监管，从而提高规划的精准度和执行效率。

3. 推进标准化建设的数字转型

在推进标准化工作的同时，注重标准化本身的数字化转型，即通过建立电子标准库、在线标准审查系统等手段，简化标准制定、修订和发布流程，加速标准信息的传播与应用，促进标准化工作的透明化和高效化。

4. 优先推进重点和急用标准研制

紧密围绕中央最新决策部署，如新型城镇化、乡村振兴、区域协调发展等重大战略，快速响应实际需求，优先研制一批重点和急用的国土空间规划标准，为相关政策落地提供坚实的技术支撑。

（四）技术标准体系的实施与管理

为确保上述行动计划的有效实施，技术标准体系的实施与管理成为关键环节。具体而言，到2027年，计划将完成以下目标：

第一，制修订国家标准和行业标准。针对国土空间规划的基础通用、编制审批、实施监督、信息技术等方面，制修订30余项国家标准和行业标准，形成覆盖全面、结构合理的标准体系。

第二，巩固完善并有序运行。通过持续跟踪评估标准的实施效果，及时调整优化标准内容，确保标准体系能够适应国土空间规划领域的新变化、新要求，实现标准体系的动态更新与有序运行。

第三，强化标准宣贯与培训。加大对新制定或修订标准的宣传力度，组织专题培训，提升规划编制、审批、实施及监督等各环节人员的标准化意识和能力，确保标准的有效执行。

二、构建统一的国土空间规划技术标准体系

国土空间规划是各类开发保护建设活动的基本依据。为科学有序统筹

布局生态、农业、城镇等功能空间，中央提出了“统一底图、统一标准、统一规划、统一平台”的要求，以建立健全分类管控机制，全面提升国土空间治理能力和水平。下面将详细探讨构建统一的国土空间规划技术标准体系的要求和构成。

(一) 国土空间规划技术标准体系构建要求

1. 统一底图

统一底图是指基于第三次全国国土调查成果，采用国家统一的测绘基准和测绘系统，整合遥感影像、基础地理、基础地质、地理国情普查等现状类数据，形成坐标一致、边界吻合、上下贯通的工作底图。这一底图将支撑国土空间规划编制的全过程，确保规划的科学性和准确性。通过共享各部门相关信息，如发改、环保、住建、交通、水利、农业等，开展地类细化调查和补充调查，形成一张底图，为国土空间规划提供坚实的基础。

2. 统一标准

统一标准涵盖国土空间规划技术标准体系、国土资源现状调查和国土空间规划用地分类标准、各级各类国土空间规划编制办法和技术规程等。这一要求旨在解决过去存在的标准交叉重复、内容滞后等问题，构建符合生态文明新时代要求的标准体系。统一标准将为国土空间规划编制、审批、实施和监督提供强有力的技术与管理依据。

3. 统一规划

统一规划要求将主体功能区规划、土地利用规划、城乡规划等空间规划融合为统一的国土空间规划，实现“多规合一”。这一改革将强化国土空间规划对各专项规划的指导约束作用，减少规划类型过多、内容重叠冲突、审批流程复杂等问题，形成科学高效的国土空间规划体系。

4. 统一平台

统一平台是指建立全国统一的国土空间基础信息资源管理与服务体系，实现国家、省、市、县上下贯通、部门联动、安全可靠的国土空间基础信息平台。该平台将整合各类空间关联数据，形成国土空间规划“一张图”，为规划的实施监督提供信息化支持。

(二) 国土空间规划技术标准体系构成

国土空间规划技术标准体系架构遵循国土空间规划体系“五级三类”基本构架，涵盖基础通用、编制审批、实施监督、信息技术四大方面。

1. 基础通用类标准

基础通用类标准适用于国土空间规划编制、审批、实施、监督全流程的相关标准规范，具备基础性和普适性特点。这类标准涵盖基本术语、用地用海、主体功能区、陆海统筹等方面，为规划编制提供基础支撑。

2. 编制审批类标准

编制审批类标准主要支撑国土空间总体规划、详细规划和相关专项规划编制或审批的技术方法和衔接要求。包括省级、市级、县级国土空间规划编制技术规程，详细规划编制技术规程，以及特定区域、特定功能区、相关空间规划专题要素类的技术标准。

3. 实施监督类标准

实施监督类标准适用于各类空间规划在实施管理、监督检查等方面的相关标准规范，强调规划用途管制和过程监督。这类标准包括国土空间规划监督检查、规划许可等方面的标准，旨在提高国土空间规划的监管水平。

4. 信息技术类标准

信息技术类标准主要建立全国统一的国土空间基础信息平台和国土空间规划“一张图”的相关标准规范，体现新时代国土空间规划的信息化、数字化、智慧化水平。这类标准以实景三维中国建设数据为基底，以自然资源调查监测数据为基础，采用国家统一的测绘基准以及测绘系统，整合各类空间关联数据，为规划实施提供技术支持。

构建统一的国土空间规划技术标准体系，是实现国土空间科学规划、高效治理的重要保障。通过统一底图、统一标准、统一规划、统一平台的要求，以及涵盖基础通用、编制审批、实施监督、信息技术的标准体系构成，将全面提升我国国土空间规划的科学性和实用性，为推动高质量发展的空间格局提供坚实支撑。

第四节　国土空间规划的实施监督体系

一、国土空间规划的实施监督体系的内容

《中共中央、国务院关于建立国土空间规划体系并监督实施的若干意见》指出，实施监督体系即国土空间规划的实施和监督管理。包括：以国土空间规划为依据，对所有国土空间实施用途管制；依据详细规划实施城乡建设项目相关规划许可；建立规划动态监测、评估、预警以及维护更新等机制；优化现行审批流程，提高审批效能和监管服务水平；制定城镇开发边界内外差异化的管制措施；建立国土空间规划"一张图"实施监督信息系统，并利用大数据、智慧化等技术手段加强规划实施监督；等等。具体如下：

（一）以国土空间规划为依据，实施严格用途管制

国土空间规划是指导各类国土空间开发保护活动的基本依据。构建实施监督体系的首要任务是依据规划确定的"三区三线"（即生态保护红线、永久基本农田、城镇开发边界以及各类空间控制线），对所有国土空间实施严格的用途管制。这要求建立健全土地、矿产、森林、草原、水域等自然资源用途转换审批制度，确保每一寸土地、每一片水域都按照规划用途进行合理开发和有效保护。

（二）依据详细规划实施城乡建设项目相关规划许可

详细规划是国土空间规划体系中的重要层次，直接指导城乡建设活动。实施监督体系需强化详细规划的法定地位，依据经批准的详细规划实施建设项目选址意见书、建设用地规划许可证、建设工程规划许可证等规划许可制度，确保所有城乡建设项目符合规划要求，从源头上防止无序建设和违法建设行为。

（三）建立规划动态监测、评估、预警及维护更新机制

为了及时掌握规划实施情况，必须建立一套包括动态监测、定期评估、预警响应及维护更新的机制。利用遥感监测、地理信息系统等技术手段，对

国土空间开发保护状态进行实时监测；定期组织规划实施评估，分析规划执行效果与问题；建立预警系统，对偏离规划目标的行为进行及时预警；根据评估结果和新的发展需求，适时调整完善规划内容，确保规划的适应性和有效性。

（四）优化审批流程，提高审批效能和监管服务水平

针对传统审批流程烦琐、效率低下的问题，实施监督体系需推动审批制度改革，简化审批环节，缩短审批周期。通过并联审批、在线审批等方式，提高审批效率；同时，加强事中事后监管，利用信息化手段提升监管能力和服务水平，确保项目合法合规建设。

（五）制定城镇开发边界内外差异化的管制措施

针对城镇开发边界内外不同的空间特征和功能定位，实施差异化的管制措施。在城镇开发边界内，强化土地利用集约节约，优化空间布局，提升城市品质；在边界外，则更加注重生态保护与修复，严格控制新增建设用地，促进乡村振兴和绿色发展。

（六）建立国土空间规划“一张图”实施监督信息系统

构建国土空间规划“一张图”实施监督信息系统，是实现规划管理信息化的重要举措。该系统应集成自然资源调查、规划编制、审批管理、监测评估等多源数据，形成统一的空间数据底座。利用大数据、云计算、人工智能等智慧化技术手段，提升数据分析和决策支持能力，为规划实施监督提供精准、高效的技术支撑。

二、构建高效国土空间规划实施监督体系的路径

（一）全面实施监测预警和绩效考核机制

国土空间规划的实施不仅要求前期的科学编制，还需后续的有效监督与动态调整。全面实施监测预警和绩效考核机制，是保障规划落地的关键举措。

1. 建立监测预警系统

基于国土空间规划的核心要求，建立一套覆盖全域、多层次、多维度的监测网络，利用遥感技术、地理信息系统（GIS）等现代信息技术手段，对土地利用变化、生态环境质量、城乡建设活动等进行实时监测。通过设置预警阈值，一旦监测数据达到或超过预警标准，立即启动预警机制，及时发出预警信号，为决策部门提供快速反应的时间窗口。

2. 实施绩效考核机制

将国土空间规划的实施效果纳入地方政府和相关部门的绩效考核体系，明确责任主体，设定可量化、可考核的指标，如耕地保有量、建设用地控制指标、生态红线保护率等。通过年度评估、中期检查和终期考核相结合的方式，对规划执行情况进行全面评价，将考核结果作为地方政府绩效评价、官员任免及财政奖惩的重要依据，形成有效的激励约束机制。

（二）依托国土空间基础信息平台

信息化是提升国土空间规划实施监督效率与质量的重要手段。依托国土空间基础信息平台，可以实现数据的集成共享、动态监测与智能分析，为规划实施监督提供强大的技术支持。

1. 整合空间关联数据

推动自然资源、生态环境、城乡建设、交通运输等多部门数据的深度融合，形成覆盖自然资源、社会经济、生态环境等多领域的综合数据库。通过数据清洗、格式统一、坐标转换等技术手段，确保数据的准确性、一致性和可用性，为规划实施监督提供全面、准确的数据支撑。

2. 建立统一标准规范

制定全国统一的国土空间基础信息平台建设标准、数据交换共享规范和技术指南，确保各地平台建设的标准化、规范化。这包括数据编码标准、接口协议、安全防护要求等，为平台间的互联互通、数据共享奠定坚实基础。同时，加强数据安全管理，确保敏感信息不被泄漏，维护国家安全和社会稳定。

3. 健全动态监测评估预警机制

在国土空间基础信息平台上，集成监测预警模块，实现规划实施情况的动态监测、智能分析与自动预警。通过算法模型，预测规划实施可能遇到的问题和风险，提出预防措施和建议，为规划调整和政策制定提供科学依据。同时，利用大数据分析技术，挖掘规划实施中的深层次问题，为优化国土空间布局、提升治理效能提供决策支持。

（三）强化规划实施监督管理

1. 完善国土空间规划实施监督信息系统

数字化、智能化是提升规划实施监督效能的重要手段。构建全国统一的国土空间规划实施监督信息系统，是实现规划精准管理、高效监督的基础。该系统应集成大数据分析、云计算、人工智能等先进技术，实现规划数据的实时采集、处理与分析，为规划实施提供全方位、多层次的信息支持。通过系统平台，可以直观展示规划实施进度、空间布局变化、资源利用状况等关键信息，为决策者提供科学依据，同时也便于公众监督，增强规划实施的透明度和社会参与度。

2. 建立全国国土空间规划实施监测网络

为了实现对规划实施过程的全面监控，需建立覆盖全国的国土空间规划实施监测网络。该网络应包含地面观测站、遥感卫星、无人机巡检等多种监测手段，形成空地一体化的监测体系。通过定期和不定期的监测活动，及时发现规划实施中的偏差和问题，为及时调整和优化规划方案提供实证基础。此外，监测网络还应具备预警功能，对可能出现的违法违规行为进行早期识别，有效预防规划失控现象的发生。

3. 加强动态监测和评估预警

规划实施是一个动态过程，需要持续跟踪评估，确保规划目标得以实现。通过建立完善的动态监测机制，对规划实施的关键指标进行定期评估，分析规划执行的效果与问题，形成评估报告。同时，设置科学合理的预警阈值，一旦监测数据达到或超过预警线，立即启动预警程序，采取相应措施进行干预，确保规划实施不偏离预定轨道。

（四）建立规划实施监督考核机制

1. 建立健全规划实施监督考核机制

为确保规划得到有效执行，必须建立一套完善的监督考核机制。该机制应明确监督主体、监督内容、监督方式及考核标准，形成自上而下的监督链条。各级政府和相关部门需按照职责分工，定期开展规划实施情况的自查自评，上级部门则通过抽查、审计等方式进行复核，确保监督考核的全面性和客观性。考核结果应作为地方政府绩效评价、领导干部政绩考核的重要依据，进而形成有效的激励约束机制。

2. 依法依规严肃处理违反规划行为

规划的法律效力不容置疑，任何违反规划的行为都应受到法律的制裁。建立健全规划违法行为的查处机制，明确违法行为的认定标准、处罚程序及法律责任，确保违法必究、执法必严。对于发现的规划违法行为，要依法及时立案调查，根据情节轻重给予行政处罚、行政处分乃至追究刑事责任，形成强大的法律震慑力，以维护规划的严肃性和权威性。

（五）实施规划全生命周期管理

1. 依托“一张图”实施监督系统与监测网络

构建国土空间规划“一张图”实施监督系统，是实现规划全生命周期管理的基础。该系统应集成遥感监测、地理信息系统（GIS）、大数据分析等现代信息技术，形成覆盖国家、省、市、县多级规划的数字化管理平台。通过这一平台，各级规划的编制、审批、修改、实施等全过程均可实现在线管理，确保规划信息的透明化、实时化和可追溯性。同时，结合地面监测网络，形成天地一体化的监测体系，为规划实施提供精准的数据支持。

2. 建立常态化规划实施监督机制

建立定期体检与五年评估相结合的常态化规划实施监督机制，是确保规划生命力的关键。定期体检应针对规划实施的关键指标进行定期监测和评估，及时发现规划执行中的问题与偏差。五年评估则是对规划实施效果的全面审视，通过对比分析规划目标与实际情况，评估规划的科学性、合理性和可操作性，为后续规划的编制、审批、修改提供科学依据。体检与评估结果应作为规划调整、审计、执法、督察等工作的重要参考，形成闭环管理。

(六) 严格规划实施监督检查

1. 强化规划的法定地位与执行力度

经批准的国土空间规划应作为各类开发、保护、建设活动的基本依据，具有法律约束力。对于不符合国土空间规划的工程建设项目，应坚决不予办理用地用海审批、土地供应等手续，不予确权登记，从源头上遏制违规建设行为。这一原则必须得到严格执行，以确保规划的权威性和严肃性。

2. 加大违法违规行为查处力度

针对违法违规编制、修改和审批国土空间规划、发放规划许可、违反法定规划设置规划条件以及“未批先建”等问题，应建立健全联合执法机制，加强部门间信息共享与协同作战。对于发现的违法行为，要依法依规严肃查处，公开曝光典型案例，形成强大的震慑效应。同时，建立责任追究机制，对失职渎职的公职人员依法追究责任，确保规划实施监督的有效性。

3. 提升公众参与度与社会监督

构建高效国土空间规划实施监督体系，还须注重提升公众参与度和社会监督作用。通过公开规划信息、举办听证会、开展问卷调查等方式，拓宽公众参与规划决策的渠道，增强规划的民主性和科学性。同时，鼓励社会各界对国土空间规划实施情况进行监督，设立举报奖励机制，激发公众监督的积极性，形成政府主导、社会参与、共同监督的良好氛围。

第三章　国土空间规划实践探究

第一节　国土空间规划的发展要求

本节将从积极发挥详细规划的法定作用、分区分类推进详细规划编制、提高详细规划的针对性和可实施性、构建支撑新发展格局的国土空间体系、系统优化国土空间开发保护格局、强化国土空间规划的基础作用六个方面，探讨国土空间规划的发展要求。

一、积极发挥详细规划的法定作用

（一）明确详细规划的法定地位

详细规划作为国土空间规划体系中的实施性规划，是指导具体地块建设和项目落地的直接依据。要发挥详细规划的法定作用，首要任务是明确其在法律体系中的地位，确保详细规划编制、审批、实施、修改等各个环节都有法可依、有章可循。这要求国家及地方层面加快完善相关法律法规，细化详细规划的编制内容、审批程序、公众参与机制及法律责任，为详细规划的有效实施提供坚实的法律保障。

（二）强化详细规划的科学性与前瞻性

详细规划的科学性是其法定作用得以发挥的基础。在编制过程中，应充分利用现代信息技术手段，进行精准预测和模拟，确保规划方案既符合当前发展需求，又预留未来发展空间。同时，加强规划的前瞻性研究，充分考虑人口增长、产业发展、生态环境保护等多维度因素，以实现经济、社会、环境的和谐共生。

（三）提升详细规划的公众参与度和透明度

详细规划直接关乎公众切身利益，因此，增强规划的公众参与度和透明度是提升其法定权威性的关键。详细规划通过建立有效的公众参与机制，如规划听证会、意见征集平台等，让公众充分表达意见，参与决策过程，使规划更加贴近民生、反映民意。同时，加大规划信息公开力度，确保规划内容、审批结果等信息公开透明，接受社会监督，增强规划的公信力和执行力。

（四）强化详细规划的实施监管与评估

详细规划的生命力在于实施。建立健全规划实施监管体系，加强对规划执行情况的跟踪监测和评估，确保规划各项要求落到实处。利用遥感监测、云计算等技术手段，实现对规划实施情况的动态监管，及时发现并纠正违规行为。同时，建立规划实施效果评估机制，定期评估规划实施对社会经济发展、生态环境保护等方面的影响，根据评估结果适时调整优化规划，确保规划目标的持续有效实现。

（五）促进详细规划与其他层级规划的协同

详细规划应与国土空间总体规划、专项规划等上位规划紧密衔接，形成上下贯通、相互支撑的规划体系。通过加强规划间的协调对接，确保各级规划在发展目标、空间布局、用地指标等方面的一致性，避免因规划冲突导致的资源浪费和效率低下。同时，探索跨区域规划协作机制，解决跨界发展问题，推动区域一体化发展。

二、分区分类推进详细规划编制

国土空间规划是“五级三类”国土空间规划体系的重要组成部分，是开展国土空间开发保护活动、实施国土空间用途管制、核发城乡建设项目规划许可的法定依据。近年来，随着我国城市化进程的加速和社会经济的快速发展，国土空间规划面临着前所未有的挑战和机遇。为了更好地适应新时代的发展要求，自然资源部印发了《关于加强国土空间详细规划工作的通知》（自然资发〔2023〕43 号），明确提出分区分类推进详细规划编制的工作要求，为国土空间规划的发展指明了方向。

（一）分区分类推进详细规划编制的背景与意义

随着“多规合一”改革的深入推进，国土空间规划需要更好地发挥对总体规划的传导落实作用，支撑高质量发展和高水平治理，及时响应人民对高品质美好生活的追求。分区分类推进详细规划编制，旨在通过科学划定规划单元，优化资源配置，提升规划的可实施性和针对性，为区域发展和实施治理提供有力抓手。

（二）分区分类推进详细规划编制的具体要求

1. 科学划定规划单元

按照城市是一个有机生命体的理念，结合行政事权统筹生产、生活、生态和安全功能需求，科学划定详细规划编制单元。这些单元将作为深化实施层面详细规划的基础，全域覆盖、边界闭合、上下贯穿，形成详细规划“一张图”基础框架。

2. 分区引导和分类管控

(1) 分区域

在城镇开发边界内、开发边界外的不同区域，探索差异化的详细规划编制管理方法。城镇开发边界内存量空间要推动向内涵式、集约型、绿色化发展，增量空间要强化单元统筹，防止粗放扩张。

(2) 分类型

根据新城建设、城市更新、乡村建设、自然和历史文化资源保护利用的需求和产城融合、城乡融合、区域一体、绿色发展等要求，因地制宜划分不同单元类型。详细规划包括城镇开发边界内详细规划、城镇开发边界外村庄规划及风景名胜区详细规划等类型。

3. 分级管理和分阶段编制

(1) 分层级

将详细规划分为单元层面和实施层面两个层面逐级深化。单元层面侧重对总体规划的全面传导落实，实施层面侧重对实施治理的支撑保障。各地可根据实际细分或合并层级进行编制。

(2) 分阶段

改变原来一次性编制的做法，根据“十四五”经济社会发展和城市建设、治理的需要，适时启动实施层面详细规划的编制工作。

(三) 分区分类推进详细规划编制的实践探索

以山东省为例，该省全面推进城镇区域控制性详细规划编制，将城镇区域控制性详细规划编制分为单元和街区两个层级，单元以一个或多个15分钟社区生活圈为基础划分，街区层面以5—10分钟社区生活圈为基础划分。同时，根据不同单元类型的空间属性，差异化编制详细规划，如重点开发、城市更新、城乡融合、生态、历史文化保护等类型。

在乡村区域，山东省加快实现乡村区域通则式管控，对不需要编制或暂未编制村庄规划的，以乡镇级国土空间规划及乡村区域规划管理通则作为乡村规划建设管理依据，实现乡村地区规划管理全覆盖。同时，积极探索特殊区域详细规划编制，如海洋、风景名胜区、自然保护地等。

三、提高详细规划的针对性和可实施性

(一) 提高详细规划的针对性

1. 精准识别需求，细化规划内容

详细规划作为国土空间规划体系中的关键环节，其首要任务是精准识别区域发展的实际需求。这要求在规划编制过程中，必须深入调研，充分了解地方自然资源条件、经济社会发展现状、人口分布趋势及生态环境保护需求，以此为基础，细化规划内容，以确保每一项规划措施都能精准对接实际需求，避免“一刀切”式的规划方案。

2. 强化多规合一，促进协同发展

提高详细规划的针对性，还需强化“多规合一”理念，即整合各类空间性规划，确保土地利用规划、城乡规划、环境保护规划等相互衔接、协调一致。通过跨部门协作打破信息壁垒，形成统一的规划蓝图，为区域发展提供清晰的空间指引，有效避免规划冲突和资源浪费。

(二) 增强详细规划的可实施性

1. 注重公众参与，提升规划认同

规划的可实施性很大程度上取决于公众的理解与支持。因此，在详细规划的编制过程中应建立健全公众参与机制，广泛听取社会各界的意见，特别是直接利益相关者的声音。通过公开透明的规划讨论、听证会等形式，增强规划的透明度和社会认同感，为后续的实施奠定坚实的群众基础。

2. 强化政策配套，保障规划落地

规划的生命在于实施。为确保详细规划的有效落地，必须配套相应的政策措施，包括财政、税收、土地、环保等方面的激励与约束机制。通过政策引导，鼓励和支持符合规划方向的项目建设，同时，对违反规划的行为进行严格监管和处罚，形成有效的规划实施保障体系。

3. 引入科技支撑，提升规划效能

随着大数据、云计算、人工智能等技术的快速发展，为提升详细规划的科学性和可实施性提供了新工具。利用 GIS（地理信息系统）、遥感监测等技术手段，可以更加精准地模拟规划实施效果，预测潜在问题，及时调整规划方案。同时，建立规划实施监测评估系统，实时跟踪规划执行情况，为动态调整和优化规划提供数据支持。

四、构建支撑新发展格局的国土空间体系

随着中国经济由高速增长阶段转向高质量发展阶段，国土空间规划的重要性愈发凸显。尤其是在构建新发展格局的背景下，国土空间规划被赋予了新的使命和要求。新发展格局强调以国内大循环为主体，国内国际双循环相互促进。在这一格局下，国土空间规划不仅要满足国内市场的空间需求，还要适应国际循环的新形势，推动形成更高水平的开放型经济新体制。为此，国土空间规划需要更加注重系统性、整体性和协调性，以构建支撑新发展格局的国土空间体系。

(一) 强化底线约束，为可持续发展预留空间

国土空间规划需要强化底线约束，为可持续发展预留出空间。这包括

划定并落实永久基本农田、生态保护红线和城镇开发边界，明确耕地保有量、建设用地规模和禁止开垦的范围等要求。这些底线约束是保障国家粮食安全、生态安全和城镇健康发展的基础，也是实现高质量发展的前提条件。

（二）优化国土空间开发保护格局，推动形成新格局

国土空间规划需要优化国土空间开发保护格局，推动形成主体功能明显、优势互补、高质量发展的国土空间开发保护新格局。这要求国土空间规划在统筹农业、生态、城镇、海洋、基础设施、文化和自然遗产等各类空间布局时，要充分考虑人口分布、经济布局、国土利用和生态环境保护等因素，科学布局生产空间、生活空间和生态空间。在构建新发展格局的过程中，新型城镇化是引领国土空间优化的重要动力。国土空间规划应推动城乡融合发展，促进人口和资本、土地、劳动力等生产要素在城乡之间自由流动，强化现代化都市圈在城镇化格局塑造中的重要作用。同时，国土空间规划还应注重提升城市品质和城镇化质量，构建宜居宜业宜游宜学宜养的便民生活圈，切实提升人民群众的获得感、幸福感和安全感。

（三）加强创新驱动，推动高质量空间发展

国土空间规划还需要加强创新驱动，推动高质量空间发展。随着经济发展步入新常态，创新对发展的驱动作用和重要性愈益明显。国土空间规划应面向高质量发展、高品质国土空间利用的新需求，通过对国土空间全域全要素资源的合理布局和调配，促进创新型产业集群布局，因地制宜地规划建设好城市创新示范引领区、高新技术产业园、先进制造业基地等发展空间。

（四）坚决维护规划的权威性和严肃性

在实施国土空间规划的过程中，必须坚决维护规划的权威性和严肃性。以国土空间规划为依据，把永久基本农田、生态保护红线、城镇开发边界三条控制线作为调整经济结构、规划产业发展、推进城镇化不可逾越的红线。同时，要加强国土空间规划实施监督，完善规划实施的政策手段，加强规划实施的督察力度，确保规划执行更加有力。

五、系统优化国土空间开发保护格局

随着时代的进步和城市化进程的加速，系统优化国土空间开发保护格局已成为当前和未来发展的重要任务。笔者将从多个方面探讨这一发展要求。

（一）自然地理要素

自然地理要素在国土空间规划中占据基础地位。地形、水文、气候、土壤等自然地理条件直接影响着一个地区的可持续发展和资源合理利用。例如，地形平坦、水资源充足的地区更适合农业发展，而地形复杂、气候条件较差的地区则可能更适合发展工业或服务业。因此，在制定国土空间规划时，必须充分考虑自然地理要素，因地制宜，实现资源的优化配置和高效利用。

（二）人文地理要素

人文地理要素同样不可忽视。人口分布、文化、历史等人文地理条件对社会经济的发展和空间规划有着深远的影响。一个历史悠久的城市可能需要保护文化遗产，而人口密集的地区则可能需要更多的基础设施和公共服务。这就要求国土空间规划在注重经济发展的同时，也要兼顾社会、文化和历史的传承与发展。

（三）经济要素

经济要素在国土空间规划中占据重要地位。不同地区的产业结构、经济发展水平以及未来的发展趋势都是制定规划时必须考虑的因素。如果一个地区有丰富的自然资源，可能更适合发展相关产业；而技术和创新驱动的地区则可能更适合发展高科技产业。通过科学规划可以引导产业合理布局，以促进经济高质量发展。

（四）社会要素

社会要素也是国土空间规划不可忽视的方面。人们的生活方式、社会结构、教育、医疗等都对提高居民生活质量至关重要。一个年轻人口比例高的地区可能需要更多的教育和娱乐设施，而老龄化地区则可能需要更多的医疗和社会福利服务。国土空间规划应以人为本，关注社会民生，提升居民的幸福感和获得感。

（五）政治要素

政治要素在规划的实施和执行中具有重要影响。行政区划、政策法规等因素都直接关系到规划的落地实施。政府对某一地区的产业扶持政策可能会影响该地区的产业结构和经济发展方向。因此，在制定国土空间规划时，必须充分考虑政治因素，确保规划的合法性和可操作性。

（六）生态环境要素

生态环境要素是国土空间规划中的重要考量。自然生态系统的保护，包括空气质量、水质量、生物多样性等，都是规划必须关注的内容。一些生态脆弱地区可能需要限制工业污染，保护当地生态系统；而一些地区则可能需要进行生态修复工作。通过科学规划，可以实现经济发展与生态保护的良性循环。

（七）交通运输要素

交通运输要素对于区域内外的联通和物流有着关键作用。发达的交通网络有助于促进经济发展，提高人们的生活质量。因此，在国土空间规划中必须注重交通网络的建设和优化，确保区域内外的顺畅联通。

（八）用地空间要素

用地空间要素关注土地的利用方式，包括城市规划、农业用地、自然保护区等。合理的城市规划可以提高城市的居住舒适度，合理的农业用地规划有助于提高农业生产效益。通过科学规划，可以实现土地资源的优化配置和高效利用。

系统优化国土空间开发保护格局还需要注重科技创新。科技发展对国土空间的影响日益显著，包括技术应用、数字化建设等。在高科技产业发展较快的地区，规划中可能要考虑数字化基础设施建设，推动科技与产业融合。通过科技创新，可以提升国土空间规划的智能化和数字化水平，提高规划的科学性和实效性。

六、强化国土空间规划的基础作用

(一) 明确规划定位，引领发展方向

要强化国土空间规划的基础作用，必须明确其在国家治理体系和治理能力现代化中的战略定位。国土空间规划应成为指导国家空间发展的纲领性文件，通过科学划定“三区三线”(生态保护红线、永久基本农田、城镇开发边界等)，优化国土空间开发保护格局，确保各类开发活动符合资源环境承载能力，以促进人与自然和谐共生。

(二) 强化法治保障，提升规划权威

法治是保障规划有效实施的基础。应加快完善国土空间规划相关法律法规体系，明确规划的编制、审批、实施、监督等环节的法定程序和法律责任，确保规划的严肃性和权威性。同时，建立健全规划评估与调整机制，根据经济社会发展实际和生态环境保护需要，适时对规划进行调整优化，保持规划的适应性和灵活性。

(三) 推动多规合一，促进融合发展

“多规合一”是提升国土空间规划效能的重要途径。通过整合各类空间性规划，实现规划数据共享、规划内容协调、规划管理统一。这要求加强部门间的协调合作，打破行政壁垒，形成规划合力，促进城乡、区域、经济、社会、生态的融合发展，推动高质量发展的国土空间格局。

(四) 注重公众参与，增强规划认同

要建立有效的公众参与机制，包括规划听证、意见征集、社会公示等环节，让公众了解规划、参与规划、监督规划，增强规划的透明度和公众的认同感。同时，通过宣传教育提升公众的空间意识和规划意识，形成全社会共同遵守规划、支持规划的良好氛围。

(五) 应用先进技术，提升规划水平

随着信息技术的发展，大数据、云计算、人工智能等先进技术为国土空间规划提供了新的工具和手段。应充分利用这些技术，提升规划的科学性、精准性和智能化水平。例如，通过遥感监测、地理信息系统（GIS）等技术手段，实现国土空间资源的动态监测和精细化管理；运用大数据分析预测未来发展趋势，为规划决策提供科学依据。

第二节　国土空间规划的实践路径

一、数据驱动与协同规划

(一) 数据驱动

在信息技术飞速发展的今天，数据已成为推动社会进步和变革的重要力量。国土空间规划同样需要借助数据的力量，实现规划信息的集成和共享，提升规划的科学性和精准度。

1. 收集和整合空间数据

国土空间规划涉及自然、经济、社会等多个领域，因此需要广泛收集和整合各类空间数据。这些数据包括但不限于地理信息数据、社会经济数据、生态环境数据等。通过建立统一的数据标准和规范，确保各类数据的准确性和可比性，为后续的规划决策提供坚实的数据基础。

2. 建立“一张图”平台

在收集和整合数据的基础上，利用地理信息系统（GIS）等先进技术，构建国土空间规划的“一张图”平台。该平台将各类空间数据以可视化的方式呈现，实现规划信息的集成和共享。通过“一张图”，规划者可以直观地了解国土空间资源的分布状况、利用情况和潜在问题，为规划决策提供直观的依据。

3. 利用大数据分析和挖掘技术

在“一张图”平台的基础上，进一步利用大数据分析和挖掘技术，提取

规划决策的有用信息。通过对海量数据的深度挖掘和分析，发现空间分布的规律、趋势和潜在风险，为规划决策提供更加精准和科学的支持。例如，通过分析人口流动数据，可以预测未来城市发展的热点区域；通过分析生态环境数据，可以评估不同规划方案对生态环境的影响。

（二）协同规划

国土空间规划涉及多个部门和多种利益主体，因此需要构建一个协同规划的平台，实现规划编制、审批、实施、监测和评估的全流程协同。

1. 构建协同规划平台

协同规划平台是实现全流程协同的重要工具。该平台应具备数据共享、在线协作、流程管理等功能，支持不同部门和参与者之间的信息共享和协同工作。通过平台，规划者可以实时了解规划进展、交流意见和解决问题，提高规划的协同性和效率。

2. 促进跨部门协同

国土空间规划涉及多个部门，如自然资源部门、生态环境部门、住房和城乡建设部门等。通过协同规划平台，可以促进这些部门之间的信息共享和协同工作。例如，在规划编制阶段，各部门可以共同参与讨论和制定规划方案；在规划审批阶段，各部门可以并行审批以提高审批效率；在规划实施阶段，各部门可以协同推进项目实施和监管。

3. 增强公众参与和反馈

除了政府部门外，国土空间规划还涉及广大公众和利益相关者。通过协同规划平台，可以增强公众参与规划的机会和渠道。例如，可以通过平台发布规划草案、征集公众意见和建议；可以通过平台实时发布规划实施进展和效果评估结果，接受公众监督和反馈。通过公众参与和反馈机制，可以增强规划的民主性和透明度，以提高规划的可接受性和实施效果。

二、构建详细规划运行体系

（一）加强与总体规划的有效衔接和反馈

详细规划与总体规划之间应当形成紧密互动、相互支撑的关系。总体规划作为战略性、指导性的顶层规划，为详细规划提供了方向性指引和基本框架。而详细规划则需在总体规划的框架内，进一步细化空间布局、资源配置、环境保护等具体措施，确保规划内容可操作、可落地。

1. 建立层级传导机制

明确总体规划与详细规划之间的层级关系，确保上级规划的目标、指标、约束条件等能够准确传导至下级规划，同时下级规划在细化过程中应充分考虑地方特色与实际情况，形成上下联动、左右协调的规划体系。

2. 强化规划衔接审查

建立规划衔接审查制度，对详细规划进行前置性审查，确保其符合总体规划的要求，以避免规划冲突和重复建设。同时，鼓励公众参与规划讨论，增强规划的社会认同感和透明度。

3. 建立反馈调整机制

在规划实施过程中，应定期评估详细规划的执行效果。通过建立有效的反馈渠道，允许下级规划根据实际情况向总体规划提出调整建议，形成动态调整、持续优化的规划管理机制。

(二) 纳入实施监督过程，建立编管结合的规划实施体系

详细规划的生命力在于实施，而实施效果的关键在于有效的监督与管理。因此，将详细规划的运行纳入实施监督过程，构建编管结合的规划实施体系，是实现规划目标的重要保障。

1. 实施全过程监管

从规划编制、审批、实施到评估反馈，建立全链条、全方位的监管机制。利用现代信息技术手段如 GIS (地理信息系统)、大数据等，对规划实施情况进行实时监测，确保规划执行的准确性和时效性。

2. 强化规划执行刚性

明确规划的法律地位，将详细规划的主要内容和指标纳入法律法规体系，增强规划的约束力。对于违反规划的行为依法依规进行严肃处理，以维护规划的严肃性和权威性。

3. 推动公众参与和社会监督

建立公众参与规划实施的平台和机制，以鼓励社会各界对规划实施情

况进行监督，提出改进建议。通过公开透明的规划实施过程，增强公众对规划的信任和支持，形成良好的社会监督氛围。

4. 构建绩效评估体系

建立科学合理的规划绩效评估体系，定期对详细规划的实施效果进行评估，评估结果作为规划调整、政策优化的重要依据。通过绩效评估，激励规划实施主体积极作为，提升规划实施的质量和效率。

三、数字化技术引领的智慧转型

（一）国土空间规划编制平台的智慧化发展

随着信息技术的不断进步，国土空间规划编制平台已经从相对单一的信息查询平台，逐渐发展为支撑空间监测、评估、模拟和决策全流程的智慧化平台。这一转变主要体现在以下几个方面：

1. 平台功能的多样化

现代规划编制平台不仅具备信息查询功能，还融入了空间监测、评估、模拟和决策支持等模块。这些模块共同构成了一个完整的规划编制生态系统，使得规划人员能够在一个平台上完成从数据收集、分析到方案制定、评估的全过程。

2. 数据的高效整合

平台通过大数据和云计算技术，实现了多源数据的快速整合和高效处理。这些数据包括空间数据、社会经济数据、遥感数据等，为规划决策提供了坚实的基础。

3. 智能模拟与决策支持

借助人工智能和三维仿真技术，平台能够进行复杂的空间模拟和预测，为规划方案的制定和优化提供科学依据。同时，平台还具备决策支持功能，能够根据模拟结果和实际需求，提出最优的规划方案。

（二）前沿技术的推广应用与智慧国土空间规划的技术跃升

近年来，大数据、物联网、云计算、三维仿真、人工智能、数字孪生等前沿技术在国土空间规划领域得到了广泛应用，推动了智慧国土空间规划的技术跃升和应用拓展。

1. 大数据与物联网

通过大数据分析和物联网技术，规划人员能够实时获取和监测国土空间的各种信息，包括土地利用状况、生态环境质量、交通流量等。这些信息为规划决策提供了实时、准确的数据支持。

2. 云计算与三维仿真

云计算技术提供了强大的计算和存储能力，使得规划人员能够处理和分析大规模的空间数据。同时，三维仿真技术能够模拟真实的空间环境，帮助规划人员更好地理解空间关系和规划效果。

3. 人工智能与数字孪生

人工智能技术通过机器学习和深度学习等方法，能够自动识别和分析空间数据中的模式和趋势，为规划决策提供智能化支持。数字孪生技术则能够创建国土空间的虚拟模型，实现规划方案的实时监测和评估。

在实践中，智慧国土空间规划已经取得了显著的成效。例如，在广东省廉江市的国土空间规划编制中，通过引入大数据和深度学习技术，提升了规划编制的科学性和合理性。在动态监测方面，通过建立监测系统，动态掌握规划实施和运行情况，为规划管理提供了有力支撑。此外，在黄河流域、京津冀和成渝地区的双城经济圈等重要区域的国土空间规划中，也广泛应用了数字化技术。这些区域的规划编制已基本完成，正在加快报批进程。这些规划的落地实施，将为区域协调发展注入新动力。

四、实施传导体系

近年来，我国在国土空间规划领域进行了一系列改革，旨在通过科学规划提升国土空间利用效率，促进经济、社会和环境的协调发展。国土空间规划的实施传导体系在这一过程中起着至关重要的作用。国土空间规划的实施传导体系是确保规划能够落地实施的关键。这一体系通过一系列的政策、指标、控制线、用途和设施等手段，将上级规划的要求逐级传导至下级规划，确保规划的连续性和一致性。

(一) 规划传导的技术体系

国土空间规划的传导技术体系包括总体规划体系、专项规划、详细规划等多个层次。这些层次之间通过分区传导、底线管控、控制指标、名录管理、政策要求等方式实现规划的有效衔接。例如，省级国土空间规划通过分区传导等方式对市县级规划提出指导约束要求，市级国土空间总体规划则对市辖县 (区、市) 提出规划指引。

(二)“三条控制线”的划定

“三条控制线”包括生态保护红线、永久基本农田、城镇开发边界，是国土空间规划中的重要控制要素。这些控制线以底线约束方式体现了科学有序统筹布局生态、农业、城镇等功能空间的要求。通过划定这些控制线，可以确保国土空间规划的科学性和有效性。

(三) 规划实施的动态调整

规划实施过程中需要建立动态调整机制，以应对未来发展的不确定性。例如，厦门市通过构建“五年近期规划—三年行动计划—年度实施计划”体系，强化规划的引领性和可实施性。这种体系不仅明确了规划实施的时序传导，还通过滚动编制行动计划，确保规划的持续性和适应性。

(四) 实践案例：厦门市“5-3-1”国土空间规划实施传导体系

厦门市的“5-3-1”国土空间规划实施传导体系，即五年近期规划、三年行动计划、年度实施计划，是其在国土空间规划实施方面的重要创新。

1. 构建规划实施时序传导体系

厦门市以国土空间总体规划为纲领，构建五年近期规划、三年行动计划、年度实施计划的规划实施时序传导体系。这一体系旨在强化规划的可实施性，有序推进规划落地实施。通过对接各部门的五年发展规划和年度计划工作，厦门市形成具有共识的实施清单，并明确年度指标及责任单位，确保规划意图的逐层传导和有序实施。

2. 强化体系衔接，滚动编制行动计划

在专项规划、详细规划中，厦门市加强对规划实施时序的引导，策划重点实施项目。一方面依托“5-3-1”体系发挥条块结合、系统统筹的作用，推动项目落地；另一方面基于“5-3-1”体系的实施评估反馈，为专项规划和详细规划的编制、调整优化提供指引。此外，厦门市还滚动编制行动计划，每年针对年度新增用地情况、土地供应情况、发展策划项目保障情况和主要设施情况开展上一年度计划实施评估，确保规划的时效性和科学性。

3. 构建实施机制，落实保障措施

为确保“5-3-1”规划实施传导体系的顺利推进，厦门市出台了一系列配套政策，建立了常态化机制。依托“一张图”实施监督系统，厦门市实现了项目储备、项目生成、项目审批、批后监管等全过程跟踪管理，确保规划项目从谋划到落地的全链条管理。同时，厦门市还加强规划实施与土地资源管理、要素保障的衔接，统筹项目全生命周期管理，建立项目全链条管理机制。

4. 实施成效与经验

通过实施“5-3-1”国土空间规划实施传导体系，厦门市在规划统筹空间治理方面取得了显著成效。

(1) 提高规划编制的科学性和准确性

“5-3-1”体系强化了规划实施的时序传导，确保了规划内容的科学性和准确性。通过逐层分解和细化规划指标，厦门市形成了具有可操作性的实施清单，为规划项目的落地实施提供了有力支撑。

(2) 促进国土空间要素的高效利用

通过规划引领和项目实施，厦门市实现了国土空间要素的高效利用。根据《厦门市国土空间实施三年行动计划（2024—2026年）及2024年度空间实施计划》，未来三年厦门将策划项目2823个，总面积约100平方公里，策划项目总面积达到年度计划供地规模的2倍，有效促进了国土空间要素的高效配置和利用。

(3) 推动规划实施的动态性和适应性

“5-3-1”体系强调规划的动态性和适应性，通过滚动编制行动计划和实施评估反馈，厦门市能够及时应对发展变化，调整优化规划内容。这种动态调整机制确保了规划实施的灵活性和适应性，为未来规划的实施提供了有力保障。

厦门市的“5-3-1”国土空间规划实施传导体系为全国其他地区提供了宝贵的经验和借鉴。通过构建规划实施时序传导体系、强化体系衔接、构建实施机制等措施，厦门市实现了规划引领国土空间保护与发展的新格局。

五、空间发展权视角下的机制设计

（一）空间发展权的内涵及其重要性

空间发展权是指国家或地区在国土空间范围内进行开发、利用、保护和管理的权利。它不仅关乎资源的合理配置和高效利用，还直接影响到区域经济的发展和社会的稳定。空间发展权的客观性和公平性决定了其必须为多数国家和多数人群的可持续发展服务，而非少数国家或人群的特权。

在国土空间规划中，空间发展权的合理配置和流转有助于引入市场机制，协调多元主体利益，推动空间治理转型。因此，从空间发展权视角进行机制设计，是提升国土空间规划效能的关键。

（二）空间发展权视角下的机制设计

在空间发展权视角下，国土空间规划的机制设计应遵循以下原则：

1. 坚持规划先行

新修订的《土地管理法实施条例》明确规定了土地开发、保护、建设活动应当坚持规划先行。国土空间规划一经批复，就具有法律效力，任何单位和个人不得随意修改、违规变更。

2. 强化空间规划意识

在土地管理领域，应强化空间规划意识，发挥好国土空间规划的统筹布局作用。对土地开发、保护、建设活动做出科学安排，确保资源环境紧约束的治理目标与底线不被各类政策创新所突破。

3. 推动部门政策协同

国土空间规划涉及多个部门和利益主体，需要推动部门政策协同，形成资源保障合力。通过机构改革实现空间规划权的“多规合一”，避免政策冲突和“空转”。

4. 注重利益协调

在机制设计中，应注重协调多元主体的利益诉求。通过利益势分析、博弈论分析等方法，寻找引导利益主体自动实现机制目标的方法，构建利益共同体。

5. 加强规划实施监督

建立完善的规划实施监督机制，对规划编制实施过程中的违规违纪违法行为进行严肃追究。同时，通过系统仿真检验、管理实验检验等方法，检验机制设计结果的科学性与有效性。

6. 案例分析：乌鲁木齐县板房沟镇合胜村村庄规划

乌鲁木齐县板房沟镇合胜村村庄规划是一个典型的国土空间规划实践案例。该规划通过构建“一心一轴两带三片五区”的村域发展空间结构，形成了生态宜居的美丽田园画卷。规划过程中注重保留自然风光和乡村特色，同时激活农村土地资源，推动产业多元化发展。该规划的成功实践得益于以下几点：一是坚持规划先行，确保规划的科学性和法律效力；二是注重利益协调，通过规划引导村庄产业发展，带动村民增收；三是强化规划实施监督，确保规划落地见效。

国土空间规划的实践路径和机制设计是一个复杂而系统的过程。从空间发展权视角出发，通过路径分析、逻辑重塑、机制设计和路径创新等环节，可以构建科学合理的国土空间规划体系。同时，注重规划先行、强化空间规划意识、推动部门政策协同、注重利益协调和加强规划实施监督等原则，有助于提升国土空间规划的效能和可持续性。

六、基于“两统一”职责的权力统筹

在新时代的背景下，国土空间规划承载着国家空间发展的指南和可持续发展的空间蓝图的重任。这一规划体系不仅是对土地资源的科学配置，也是对生态、农业和城镇空间的统筹布局。而这一切的基石正是自然资源部的“两统一”职责——统一行使全民所有自然资源资产所有者职责和统一行使所有国土空间用途管制和生态保护修复职责。

(一)“两统一”职责的内涵

“两统一”职责的提出是对传统规划管理的一次深刻变革。它要求自然资源部在行使权力时，既要关注资源的所有者角色，又要承担起国土空间用途管制和生态保护修复的责任。这一变革不仅提高了规划的公共政策有效性，也为国土空间规划的实施提供了坚实的制度保障。

(二) 国土空间规划的实践路径

1. 要素态的统筹

国土空间规划的统筹对象已经从传统的城乡空间要素拓展到了“生命共同体”全域全要素，涵盖了生态空间、农业空间和城镇空间。在这一背景下，规划者需要理顺各类空间要素的相互影响过程和相互制约关系，以确保规划的科学性和合理性。例如，在城镇空间规划中，不仅要考虑城市本身的发展，还要兼顾山水林田湖草沙等自然要素的相互作用，以实现城乡统筹和区域协调发展。

2. 政策态的引导

空间格局和形态研究是传统规划的强项，也是新时代国土空间规划不可或缺的重要组成部分。通过“五量调控”等政策手段，规划者可以更加精准地引导国土空间的发展，实现资源的优化配置和环境的可持续发展。这些政策内容不仅符合资源供给侧结构性改革的战略方向，也是国土空间规划的新价值所在。

3. 资产态的配置

国土空间规划不仅关注自然资源的物理性，还强调其与社会经济、人文特质及价值观念的关联。土地作为财富和空间权益的载体，其资产属性在规划中被充分挖掘和利用。通过制度和政策设计，规划者可以实现对空间资产、权益和价值的合理配置，确保规划的实施能够带来更多的公共利益和社会效益。

4. 时空态的协调

国土空间规划在延续传统规划套编中、近期规划特点的基础上，结合五年期评估结果及经济社会发展需求，制定了年度实施计划。这些计划不仅为国土空间规划任务分解到“时”与“空”提供了丰富的实施工具，还大大提高了空间资源投放的精准度和有效性。通过规划和自然资源管理的深度融合，规划者可以更加有效地引导空间发展，实现经济社会和生态环境的协调发展。

5. 权责态的明确

“多规合一”是国土空间规划改革的重要方向之一。通过整合主体功能区规划、土地利用规划、城乡规划等空间规划，实现规划的统一和协调。在这一过程中，规划者需要明确各级政府和部门的权责关系，确保规划的实施能够得到有效保障。同时，还需要通过实践和磨合，不断完善规划编制与实施的权责划分体系。

6. 信息态的支撑

建立可感知、自适应、能学习、善治理的智慧空间治理平台是新时代国土空间规划的重要支撑。通过数字化、全流程的空间规划设计以及全生命周期的监测和评估体系，规划者可以实现对空间资源的精准管理和高效利用。同时，整合各部门和社会大数据资源，提高政府对空间治理规律性问题及应对突发性事件的敏锐度和响应力。

国土空间规划是贯穿于自然资源“两统一”职责的一条重要线索。通过要素态、政策态、资产态、时空态、权责态和信息态的统筹协调，规划者可以实现对国土空间发展的全面引导和科学规划。这不仅有助于解决传统规划中存在的“图上画画、墙上挂挂”的问题，还为国土空间治理提供了系统、严格、有力的体制保障。

第三节　国土空间规划与资源环境管理

一、资源环境管理与国土空间规划的互动关系

在当今全球环境日益严峻和资源日益紧张的背景下，资源环境管理与国土空间规划的互动关系成为推动社会经济发展和实现可持续发展目标的关键。资源环境管理作为国土空间规划的基础和依据，不仅决定了国土空间开发利用的方式和程度，还直接关系到国家的长远发展和人民的福祉。

(一) 资源环境管理：国土空间规划的基石

资源环境管理的核心在于科学合理地开发和利用自然资源，同时保护和改善生态环境。资源开发利用如果不尊重资源环境的客观要求，超出资源环境承载的极限，就会引发资源枯竭、生态破坏、环境污染等一系列问题，最终影响发展的可持续性。因此，国土空间规划必须建立在科学严谨的资源环境管理基础之上，以确保各类空间开发活动在资源环境可承载的范围内进行。

国土空间规划不仅仅是空间布局的设计，还是资源环境承载力与经济社会发展需求之间的平衡艺术。通过资源环境管理，可以明确哪些区域适合高强度开发，哪些区域需要严格保护，从而为国土空间规划提供科学指导。这种基于资源环境承载力的规划理念，有助于避免过度开发和无序扩张，以实现经济发展与环境保护的双赢。

(二) 国土空间规划与资源环境承载力：消长关系的动态平衡

国土空间规划与资源环境承载力之间存在着一种消长关系。一方面，国土空间规划通过优化空间布局和资源配置，可以在一定程度上提高资源环境的承载能力。例如，通过实施生态修复工程、推广绿色低碳技术、优化产业结构等措施，可以有效提升区域的环境质量和资源利用效率。

另一方面，国土空间规划也必须充分考虑资源环境承载力的限制，避免过度开发和资源环境恶化。如果规划忽视了资源环境的约束条件，盲目追求经济增长和城市化进程，将不可避免地导致资源枯竭和生态破坏，进而威胁到发展的可持续性。

(三) 科学规划：提升资源环境承载力的重要途径

科学规划是实现资源环境承载力提升的重要途径。通过综合运用生态学、地理学、经济学等多学科知识和方法，可以对资源环境进行综合整治与修复，提高资源环境的承载能力。例如，通过实施退耕还林、水土保持、生态补水等工程，可以恢复和提升生态系统的自我修复能力；通过推广节能减排、循环经济等绿色发展模式，可以降低对自然资源的消耗和环境的污染。

同时，资源环境承载力评价也是国土空间规划编制的重要依据。通过综合调查与承载力评价，可以全面了解区域的资源环境状况和发展潜力，为国土空间规划提供准确的资源环境基础数据。这些数据对于确定空间布局、产业布局、结构调整等具有重要的导向作用，有助于实现经济、社会与环境的协调发展。

二、国土空间规划与资源环境管理的实施策略

(一) 加强专项规划的指导约束

专项规划作为国土空间规划体系中的重要一环，其核心价值在于针对特定区域或特定资源环境问题，提出具有针对性和可操作性的解决方案。通过专项规划可以更加精准地指导资源环境管理，确保各项措施得到有效实施，具体可从以下几个方面着手：

1. 明确目标与指标体系

明确目标与指标体系是国土空间规划与资源环境管理的基础。首先，需根据国家发展战略和区域实际情况，设定清晰、可量化的规划目标，如生态保护红线、永久基本农田保护、城镇开发边界划定等。同时，构建一套科学、全面的指标体系，涵盖资源利用效率、环境质量改善、生态系统服务价值提升等多个维度，确保规划目标的可操作性和可衡量性。这些目标和指标不仅要体现当前的发展需求，还要兼顾长远利益，确保规划的可持续性和前瞻性。

2. 强化政策协同

强化政策协同是实现国土空间规划与资源环境管理目标的重要保障。这要求各级政府和相关部门在制定和执行政策时，充分考虑国土空间规划与资源环境管理的整体性和系统性，避免政策冲突和碎片化。通过建立跨部门协调机制，加强政策间的衔接与配合，形成政策合力。例如，在推进城镇化进程中，应同步考虑生态环境保护、水资源管理、土地利用规划等多方面的政策要求，确保城镇发展与资源环境承载能力相适应。

3. 实施动态调整机制

实施动态调整机制是应对不确定性挑战、提高规划适应性的有效手段。国土空间规划与资源环境管理面临的经济社会环境变化复杂多变，因此，规划不应是一成不变的蓝图，而应是一个持续迭代、动态优化的过程。通过建立定期评估与反馈机制，及时监测规划实施效果，对不符合实际情况或目标

偏离的规划内容进行调整。同时，利用大数据、云计算等现代信息技术，提高规划监测与评估的效率和准确性，为动态调整提供科学依据。

4. 加强监督与评估

加强监督与评估是确保规划有效实施的关键环节。建立健全规划实施监督体系，明确监督主体、内容、方式和责任，形成政府主导、社会参与、多方监督的格局。加强对规划执行情况的跟踪审计和专项检查，对发现的问题及时整改，对违规行为严肃问责。同时，建立规划实施效果评估机制，定期对规划目标的实现程度、政策措施的执行效果、资源环境状况的变化等进行全面评估，评估结果作为后续规划修编和政策调整的重要依据。

（二）开展资源环境承载能力和国土空间开发适宜性评价（“双评价”）

资源环境承载能力和国土空间开发适宜性评价是国土空间规划的基础性工作，也是科学决策的重要依据。通过“双评价”，可以准确把握区域资源环境本底条件，为合理规划国土空间布局、优化资源配置提供科学依据。

1. 资源环境承载能力评价

资源环境承载能力评价是对一个区域资源环境本底条件的客观判断，是确定国土空间规划的重要依据。评价内容涵盖了土地、水、矿产、生态等多方面的资源要素，以及这些要素对经济社会发展的支撑能力。

评价方法主要包括生态足迹法、状态空间法、指数评价法、承载率评价法和系统动力学方法等。这些方法各有侧重，生态足迹法通过计算人类活动所需的生物生产性土地面积，评估资源环境的可持续性；状态空间法则通过构建三维状态空间模型，描述资源环境承载力与承载状态；指数评价法则通过综合各项指标，计算资源环境承载力指数，进行量化评价。

在评价过程中，需要充分考虑区域自然地理条件、生态敏感性、经济发展水平等因素，科学选取评价指标，合理确定评价阈值。通过评价，可以明确区域资源环境承载力的现状、趋势及潜在风险，为国土空间规划提供科学依据。

2. 国土空间开发适宜性评价

国土空间开发适宜性评价是在资源环境承载能力评价的基础上，对国土空间不同开发保护利用方式的适宜程度进行判断。评价内容涵盖生态保护、农业生产、城镇建设三大核心功能，旨在确定各功能区的空间布局和规模。

评价指标包括生态重要性等级、农业生产适宜等级和建设开发适宜等级。生态重要性等级以水源涵养、水土保持、生物多样性等为主要因素，划分生态保护区域；农业生产适宜等级以农用地集中连片度、农用地类型、质量等别等为主要因素，划分农业生产区域；建设开发适宜等级以区位、人口、交通、产业和经济等为主要因素，划分城镇建设区域。

评价方法以行政单元或GIS地理格网单元为主，通过构建评价模型，综合考虑开发约束条件、现有开发强度和未来开发潜力，进行精细化评价。评价结果可以为国土空间规划提供基础底图、确定关键参数，为规划实施提供动态评估。

3. 促进“双评价”成果应用

“双评价”成果的应用是国土空间规划与资源环境管理的重要环节。通过“双评价”可以明确生态保护红线、永久基本农田和城镇开发边界，优化国土空间格局，实现开发保护格局的优化。

生态保护红线是具有特殊重要生态功能的区域，需要实施严格保护，限制开发活动；永久基本农田是保障国家粮食安全的重要基础，需要优先保护，确保农业生产稳定发展；城镇开发边界则需要遵循集约适度、绿色发展要求，合理确定城镇建设规模和布局。

此外，“双评价”成果还可以应用于主体功能分区、三条控制线划定等方面，为国土空间规划提供科学依据和决策支持。通过合理利用“双评价”成果，可以促进国土空间规划的科学编制和有效实施，推动经济社会高质量发展。

（三）划定空间管控边界

划定空间管控边界是国土空间规划的基础，旨在通过明确各类空间的界线，确保各类空间利用有序进行，保护生态环境，保障粮食安全，促进城镇化健康发展。

1. 生态保护红线

生态保护红线是保障国家生态安全的重要底线。在划定生态保护红线时，应优先将具有重要水源涵养、生物多样性维护、水土保持、防风固沙、海岸防护等功能的生态功能极重要区域，以及生态极敏感脆弱的水土流失、沙漠化、石漠化、海岸侵蚀等区域纳入其中。同时，对于目前虽不能确定但具有潜在重要生态价值的区域，也应划入生态保护红线，以确保生态系统的完整性和稳定性。

2. 永久基本农田

永久基本农田是保障国家粮食安全和农业可持续发展的基础。在划定永久基本农田时，应综合考虑土地质量、规模、位置和功能等因素。优先划定质量高、生产能力强、耕作条件好、灾害风险低的耕地，以及集中连片、规模较大、布局合理、利用效率高的耕地。同时，还应将位于城市周边、交通便利、市场需求大、供给稳定的耕地纳入永久基本农田范畴。在保护永久基本农田方面，应坚持全面规划、合理利用、用养结合和严格保护的原则，确保永久基本农田的数量、质量和生态功能得到长期稳定。

3. 城镇开发边界

城镇开发边界是防止城镇无序蔓延、促进城镇集约适度发展的重要手段。在划定城镇开发边界时，应以城镇开发建设现状为基础，综合考虑资源承载能力、人口分布、经济布局、城乡统筹、城镇发展阶段和发展潜力等因素。通过框定总量、限定容量，防止城镇无序扩张，同时科学预留一定比例的留白区，为未来发展留有开发空间。在城镇开发建设中，应严格遵守相关法律法规，不得违法违规侵占河道、湖面、滩地等自然生态空间。

4. 各类海域保护线

在海洋资源环境管理中，划定各类海域保护线是保护海洋生态环境、促进海洋经济可持续发展的重要举措。这些保护线包括自然岸线、围填海控制线、海洋生物资源保护线等。自然岸线应得到严格保护，并积极开展海岸线的整治修复工作，以确保自然岸线的保有率和生态功能。围填海控制线应综合考虑海域和陆域资源环境承载能力、海洋开发适宜性、海洋开发强度控制目标和沿海经济社会发展需求等因素，从严划定围填海开发边界。海洋生物资源保护线则应划定高质量海水养殖、海洋生物资源保护的保有边界，以保障海洋水产品供给和渔业增养殖需要。

(四) 优化国土空间结构和布局

优化国土空间结构和布局是实现区域协调发展、城乡融合发展的重要途径，需要坚持陆海统筹、区域协调、城乡融合的原则，统筹地上地下空间的综合利用。

1. 陆海统筹

陆海统筹是实现国土空间规划的重要一环。在陆海统筹中，应以海岸带复合系统整体协调为目标，推动不同子系统之间的协同，协调化解系统内部的矛盾。具体策略包括：

(1) 陆海协同，协调发展

以规划为引领，准确把握海岸带生态系统整体性与开发利用活动的关联性，推动陆海在空间布局、资源利用、环境保护、产业布局、人居环境等方面全方位协同发展。通过明确湾区发展定位，推动形成分工合理、功能互补、错位发展的陆海协同发展新格局。

(2) 节约集约，高效利用

立足海岸带资源环境承载能力，优化用海布局，协调近岸海洋开发利用冲突，引导产业集聚发展。鼓励海洋空间立体兼容使用，加快围填海历史遗留问题处理，形成节约集约内涵式用海模式。

(3) 以人为本，提升品质

加强海岸带开发建设管控，提升海洋灾害防御能力，因地制宜打造亲海空间和城市风貌，挖掘海岸带文化特色，优化完善基础设施和公共服务设施配套，提高滨海开放空间的可达性，提升沿海地区的城市形象。

2. 区域协调

区域协调是优化国土空间结构和布局的关键。通过科学统筹划定国土空间规划的核心——“三区三线”(生态空间、农业空间、城镇空间和生态保护红线、永久基本农田、城镇开发边界)，推动高质量发展的国土空间布局和支撑体系。具体策略包括：

(1) 统筹划定农业空间和永久基本农田红线

实施最严格的耕地保护制度，分级落实上级分解下达的耕地、永久基本农田等国土空间规划约束性指标。确保耕地和永久基本农田数量不减少、质量不降低、生态有改善、布局有优化。

(2) 统筹划定生态空间和生态保护红线

在划定永久基本农田的保护红线的基础上，统筹划定落实生态保护红线。优先保护以自然保护地体系为主的生态空间，明确国家公园、湿地公园、自然保护区、自然公园等自然保护地范围，优化生态空间布局和结构。

(3) 统筹划定城镇空间和城镇开发边界

优化空间的结构，严控新增建设用地。促进形成多中心、组团式的空间布局，避免摊大饼式发展模式。按照主体功能定位和空间治理要求，优化城市功能布局，合理划分城镇集中建设区、城镇弹性发展区、特殊用途区，保障发展实体经济的产业空间。

3. 城乡融合

城乡融合是促进国土空间规划全面发展的重要路径。通过强化县域国土空间规划引导，有序推进乡镇国土空间规划编制，实现城乡功能衔接互补、资源优化配置、共同繁荣发展。具体策略包括：

(1) 整体谋划县域空间布局

把县域作为城乡融合发展的重要切入点，推动构建协调发展、集约紧凑的镇村布局。合理布局农业、生态和城镇空间，引导城镇建设、产业项目向城镇开发边界内集中，推进农村一二三产业融合发展、耕地集中连片保护和生态品质提升。

(2) 按需编制乡镇规划

发挥乡镇在城乡融合发展中联城带乡节点纽带作用，因地制宜多种模式按需编制乡镇国土空间规划，作为乡镇域开展国土空间开发保护利用活动、实施用途管制的重要依据。

(3) 推动城乡基本公共服务均等化

镇域统筹、集约配置公共服务和基础设施，提升镇区辐射周边能力和乡村生活便利化程度。加强镇域风貌特色塑造，统筹全域土地综合整治，促进城乡要素平等交换、双向流动。

4. 统筹地上地下空间综合利用

统筹地上地下空间综合利用是提升国土空间利用效率的重要途径。通过深化认识、创新思想，形成完善的管理体系，促进城市地下空间的合理开发和利用。具体策略包括：

(1) 深化认识，创新思想

将地下空间视为国土资源的一部分，进行合理开发和利用，促进综合发展。从法律和科学角度出发，将地下空间与地面进行有机统一，作为整体进行全面开发。

(2) 完善相关法律法规

修改相关土地法规，增加城市地下空间的条款，明确和完善相关概念。对地下空间使用权进行规范，确认一系列转移、租赁以及抵押的权利。

(3) 健全管理机制和运行体制

形成专门的机构，对城市地下空间的开发和利用进行有效协调。各部门进行有效组织和协同，确保开发的主体责任和管理职能明确。

三、成功案例：贺兰山东麓生态保护修复工程

贺兰山东麓生态保护修复工程是一个典型的国土空间规划与资源环境管理相结合的成功案例。通过实施废弃矿山整治及生态修复、水污染防治与水生态修复等工程，贺兰山东麓生态质量得到有效提升，生物多样性稳步提升，切实筑牢了祖国西北生态安全屏障。这一工程不仅解决了当地生态环境突出问题，还为其他西部地区特别是资源枯竭城市生态保护修复提供了可复制、可推广的成功经验。

国土空间规划与资源环境管理是实现国家可持续发展战略的重要手段。通过科学规划合理利用国土空间，保护资源环境，可以有效解决我国现代化建设中出现的各种问题，推动生态文明建设，实现高质量发展。

第四章 土地生态修复的理论与技术

第一节 土地生态修复的概念及作用

一、土地生态修复的概念

土地生态修复是指通过一系列改变和措施，使土地的生态系统恢复或改善其原有的自然循环与功能，以达到保护环境、提高土地质量和可持续利用的目的。这是一项综合性的工程，涉及土地的物理环境、生物多样性、生物地球化学循环等多个方面。

在现代社会，人类对土地资源的过度开发和利用，以及环境污染等因素导致了土地生态系统的破坏和退化。土地生态修复的出现是为了解决这些问题，保护自然环境、维护生态平衡。土地生态修复一般包括以下几个方面的内容。

第一，土地物理环境修复是土地生态修复的基础。人类的活动常常导致土地的破坏，比如采矿、回填、建筑等过程会改变土地的自然地貌。土地物理环境修复的主要目标是恢复土地的原有形态，比如通过填充、平整、植被恢复等手段，修复土地的地貌和地形特征。

第二，土壤修复是土地生态修复的重点。土壤是土地生态系统的重要组成部分，而过度耕作、化肥农药的过量使用、土地退化等因素常常导致土壤的肥力下降、结构破坏和污染等问题。土壤修复的主要目标是恢复土壤的质量和功能，通过土壤改良、施肥补充和污染物清除等手段，改善土壤的物理性质、化学性质和生物性质。

第三，生物多样性恢复是土地生态修复的核心内容。生物多样性是土地生态系统的重要指标，而人类的活动常常导致生物多样性的丧失。生物多样性恢复的目标是恢复土地原有的物种多样性和生物群落结构，通过保护、引种和恢复等手段，增加土地上的植物和动物种类，提高生态系统的稳定性和抗干扰能力。

第四，土地水环境修复也是土地生态修复的关键环节。水是土地生态系统的重要组成部分，而过度水利开发、水资源的污染等因素常常导致土地水环境的破坏。土地水环境修复的目标是恢复土地原有的水资源和水环境，通过水土保持、河湖湿地的修复和水生态系统的恢复等手段，改善土地的水环境。

第五，土地利用的合理化也是土地生态修复的重要内容。土地利用是土地生态系统的重要功能，而过度开发和不合理利用常常导致土地生态系统的破坏。土地利用的合理化的目标是通过优化土地利用结构和空间布局，使土地利用与生态环境相适应，实现可持续利用。

总之，土地生态修复是保护环境、提高土地质量和可持续利用的重要手段，其涉及土地的物理环境、生物多样性、生物地球化学循环等多个方面。通过土地物理环境修复、土壤修复、生物多样性恢复、水环境修复和土地利用的合理化等措施，可以使土地的生态系统得以恢复或改善，实现可持续发展。

二、土地生态修复的作用

人类活动在快速发展的现代社会中对自然环境的影响日益显著，土地资源的过度开发与不合理利用导致了严重的生态问题，如土壤退化、肥力下降、环境污染等。这些问题不仅威胁到生态系统的稳定性，也严重制约了农业生产的可持续发展。因此，土地生态修复作为一项重要的环境保护措施，其作用不容忽视。

(一) 提高土地利用效率

土地质量和肥力直接关系到农作物的生长状况及最终产量和质量。随着工业化、城市化进程的加速，大量农田被占用，加之长期高强度耕作和化肥农药的过度使用，导致土壤结构破坏、有机质减少、肥力下降，严重制约了农业生产力的提升。

土地生态修复通过一系列科学手段，如施用有机肥、轮作休耕、植被恢复等，有效改善土壤质地，增加土壤有机质含量，提升土壤保水保肥能力。

这些措施不仅能够逐步恢复土壤的自然生态功能，还能显著提高土地的利用效率，使得每一寸土地都能发挥出最大的生产潜力。在修复后的土地上，农作物生长更加健壮，病虫害发生率降低，从而实现了农业生产的增产增效，保障了粮食安全，促进了农村经济的可持续发展。

（二）促进生态保护

土地不仅是人类赖以生存的物质基础，也是众多生物栖息繁衍的家园。土地生态系统的健康与否，直接关系到整个生物圈的稳定与平衡。然而，长期的土地退化、水土流失和污染问题，不仅导致生物多样性减少，还加剧了气候变化的影响，如温室气体排放增加、水资源短缺等。

土地生态修复通过恢复受损生态系统的结构和功能，有效减缓了土地退化的进程，减少了污染物的排放，为野生动植物提供了适宜的生存环境。例如，通过植树造林、湿地恢复等措施，可以增加碳汇，减少大气中的二氧化碳浓度，对抗全球变暖；同时，这些植被还能净化水质，防止水土流失，保护水源地安全。此外，生态修复项目还能提升景观美学价值，促进生态旅游的发展，为当地社区带来经济收益，形成生态保护与经济发展的良性循环。

（三）推动农业可持续发展

农业作为国民经济的基础，其发展状况直接影响到国家粮食安全和社会稳定。然而，长期的过度耕作、不合理使用化肥农药以及自然灾害等因素，导致大量土地出现退化、盐碱化、污染等问题，严重遏制了农业生产力的提升。土地生态修复通过科学的方法和技术手段，如植被恢复、土壤改良、水土保持等，有效恢复了土地的生产能力，降低了农业生产成本。

1. 恢复土地生产力

通过种植适应性强的植被，增加土壤有机质含量，改善土壤结构，提高土壤肥力，从而增加农作物产量和质量，为农民带来更高的经济收益。

2. 降低生产成本

生态修复减少了化肥和农药的依赖，降低了农业生产的环境风险，同时，健康的土壤环境减少了病虫害的发生，进一步减少了农药使用量，实现了成本节约。

3. 提高农业经济效益

生产力的提升和成本的降低直接促进了农业经济效益的增长，为农业的可持续发展奠定了坚实基础。此外，生态农产品的市场需求日益增长，也为农民开辟了新的增收渠道。

(四) 提升乡村形象

乡村作为国家文化的重要组成部分和生态文明建设的前沿阵地，其生态环境和景观风貌直接关系到乡村的整体形象和吸引力。土地生态修复不仅改善了土地的生态环境，还极大地提升了乡村的美观程度，使之成为乡村旅游和休闲的新热点。

1. 改善生态环境

通过植树造林、湿地恢复等措施增加了乡村地区的绿色植被覆盖，改善了空气质量，增加了生物多样性，为乡村居民提供了更加宜居的生活环境。

2. 提升乡村美学价值

生态修复后的乡村，自然风光更加优美，田园景色更加迷人，成为城市居民逃离喧嚣、亲近自然的好去处。这不仅丰富了乡村旅游的内涵，也促进了乡村经济的多元化发展。

3. 增强乡村旅游吸引力

美丽的生态环境和独特的乡村文化相结合，为乡村旅游注入了新的活力。生态采摘、农家乐、民宿体验等乡村旅游项目，吸引了大量游客，带动了乡村经济的快速增长，同时也促进了乡村文化的传承与发展。

(五) 保护和改善乡村生态环境

生态修复工作通过科学的方法和技术手段，对受损的土地进行综合治理与恢复，旨在重塑乡村的自然生态系统。这包括植树造林、湿地恢复、水土保持等措施，能够有效增加绿色植被覆盖，提高土壤保水保肥能力，进而改善乡村地区的空气质量、水质状况和生物多样性。一个健康、稳定的生态系统不仅能提供清新的空气、干净的水源，还能调节气候、减少自然灾害，显著提升乡村的人居环境质量。此外，生态修复还能增强乡村的生态服务功能，如提供休闲旅游、生态教育等价值，为乡村振兴战略的实施提供生态基底和绿色动力，实现人与自然和谐共生的美好愿景。

（六）维护粮食安全

土地是粮食生产的根本，土壤质量直接关系到粮食作物的生长和产量。随着工业污染、农业化学品过量使用等问题的加剧，土壤污染已成为威胁粮食安全的重要因素。通过实施土地生态修复，特别是针对受污染土壤的治理与修复，如采用生物修复、化学稳定化、植物修复等技术，可以有效降低土壤中的重金属、有机污染物含量，恢复土壤肥力，提升土壤质量。这不仅有助于保障粮食作物的健康生长，提高粮食产量和品质，还能减少因土壤污染导致的农产品安全问题，从而从源头上维护国家粮食安全。

土地生态修复还能够促进农业可持续发展，鼓励农民采用更加环保、高效的耕作方式，减少化肥农药的使用，推动农业向绿色、有机方向发展。这不仅有利于保护生态环境，还能提升农产品的市场竞争力，增加农民收入，形成经济与生态双赢的局面。

（七）提升生态系统质量和稳定性

土地生态修复是一项系统工程，它基于尊重自然、顺应自然、保护自然的理念，遵循生态系统的内在规律，统筹考虑自然生态的各要素，如土壤、水分、植被、动物群落等，以实现生态系统的整体恢复与优化。自然恢复在这一过程中被置于首位，通过减少人为干扰，为生态系统自我修复提供时间和空间。同时，辅以必要的人工措施，如科学植树造林、湿地恢复、土壤改良等，以加速生态恢复进程。

山水林田湖草沙作为生态系统的有机组成部分，其整体保护、系统修复、综合治理是土地生态修复的核心策略。通过这一策略，可以有效改善区域生态环境，增强生态系统的自我调节能力和抵御外界干扰的能力，从而提升生态系统的整体质量和稳定性。例如，恢复湿地不仅能够净化水质、调节洪水，还能为众多水生生物提供栖息地，形成良性生态循环。

(八) 保护和恢复生物多样性

生物多样性是地球生命的基础，是生态系统健康与否的重要标志。土地生态修复通过引入和保护本地物种，对于维护生态系统的稳定性和功能具有不可替代的作用。本地物种不仅适应当地环境，能够在修复过程中迅速建立种群，还能与其他生物形成复杂的食物链和生态网络，促进生态系统的自我维持和演替。

在生态修复实践中，注重保护珍稀濒危物种及其栖息地，通过人工繁育、野化训练等手段，逐步恢复其种群数量。同时，通过植被恢复、生态廊道建设等措施，为物种迁移、基因交流提供便利，增强生态系统的连通性和韧性。这些努力不仅有助于保护生物多样性，还能促进生态服务的恢复与提升，如提供清洁水源、调节气候、控制病虫害等，为人类社会的可持续发展奠定坚实基础。

(九) 增强自然生态系统提供生态产品的能力

自然生态系统是人类赖以生存和发展的基础，它提供的生态产品包括但不限于清新的空气、干净的水源、肥沃的土地、丰富的生物多样性等，这些都是维系人类福祉不可或缺的“绿色资产”。然而，随着工业化、城市化的加速推进，大量土地被无序开发，生态系统遭受破坏，自然资本严重贬值。因此，推行自然生态系统休养生息，实施土地生态修复，成为增值自然资本、增强生态系统服务功能的必由之路。

土地生态修复通过恢复植被覆盖、改善土壤质量、重建水文循环等手段，不仅能够有效遏制生态退化趋势，还能逐步提升生态系统的自我恢复能力。例如，通过植树造林和湿地恢复，可以增加碳汇改善空气质量；通过水土保持措施，可以保护水源地，确保水质安全；通过生态农业实践，可以维护土壤健康，提高农产品质量。这些措施共同作用下，自然生态系统提供生态产品的能力得到显著增强，为人类社会提供了更加稳定、丰富的自然资源基础。

(十) 推动生态产业化和产业生态化

在生态文明建设的大背景下，实现经济发展与环境保护的双赢成为时代课题。土地生态修复不仅是对受损生态系统的直接修复，也是推动经济社会发展模式转变的重要契机。探索设立生态产业示范区，旨在通过统筹资源利用和生态保护，促进生态产业化和产业生态化的深度融合，为绿色发展提供新动能。

生态产业化强调在保护生态环境的前提下，依托生态资源优势，发展绿色、低碳、循环的经济体系。例如，依托修复后的森林、湿地等自然资源，发展生态旅游、林下经济、生态农产品加工等产业，既能带动当地经济发展，又能促进就业，实现生态效益与经济效益的双赢。而产业生态化则要求传统产业在生产过程中采用清洁生产技术，减少污染排放，提高资源利用效率，实现产业转型升级。通过技术改造、结构调整等手段，推动钢铁、化工等高耗能、高污染行业向绿色化、智能化方向发展，减少对环境的影响。

第二节　土地生态修复相关理论

一、生态恢复的一般理论

(一) 生态恢复的一般理论概述

1. 生态恢复的定义

生态恢复是指帮助恢复和管理生态完整性的过程，生态完整性包括生物多样性、生态过程和结构、区域和历史关系以及可持续文化实践的变异性的关键范围。生态恢复是对生态系统停止人为干扰，以减轻负荷压力，依靠生态系统的自我调节能力与自组织能力使其向有序的方向进行演化，或者利用生态系统的这种自我恢复能力，辅以人工措施，使遭到破坏的生态系统逐步恢复或使生态系统向良性循环方向发展；主要指致力于那些在自然突变和人类活动影响下受到破坏的自然生态系统的恢复与重建工作。

2. 生态恢复的原则

生态恢复不是简单地重新种植树木或恢复湿地，而是一项复杂而系统的工程，它需遵循一系列基本原则，以确保恢复的成功与可持续性。这些原则主要包括自然法则、社会经济技术原则以及美学原则。

(1) 自然法则

自然法则是生态恢复的首要原则，它强调在恢复过程中应尊重生态系统的自然演替规律和生物多样性。这意味着:

第一，最小干预。尽量减少人为干预，利用自然演替的力量促进生态系统的自我修复。例如，在退化草地的恢复中，通过围栏封育减少放牧压力，让草地自然恢复。

第二，本土物种优先。优先选用本地物种进行植被恢复，因为本土物种更能适应本地环境，有利于维持生态系统的稳定性和生物多样性。

第三，生态链重建。恢复过程中要注重构建完整的食物链和生态网络，确保能量流动和物质循环的顺畅，促进生态系统整体功能的恢复。

(2) 社会经济技术原则

社会经济技术原则要求生态恢复必须考虑社会经济条件和技术的可行性，以实现恢复活动的可持续性和社会经济效益的最大化。这包括:

第一，社区参与。鼓励当地社区参与生态恢复项目，不仅可以增加项目的社会接受度，还能通过提供就业机会、提升居民环保意识等方式促进社区发展。

第二，成本效益分析。在恢复前进行详细的成本效益分析，确保项目在经济上是可行的。同时，探索多元化的融资渠道，如政府补贴、社会资本投入等，以支持恢复工作。

第三，技术创新与应用。利用现代的科技手段，如遥感监测、大数据分析等，提高生态恢复的效率和精确度。同时，推广生态友好型农业、林业技术，减少人类活动对生态系统的负面影响。

(3) 美学原则

美学原则强调生态恢复不仅要关注生态系统的功能性恢复，还要注重其美学价值的提升，使恢复后的生态系统成为人与自然和谐共生的典范。这包括:

第一，景观多样性。在恢复过程中注重景观的多样性和层次性，通过合理配置不同植被类型、水体、地形等元素，创造丰富多变的自然景观。

第二，文化传承。结合当地的文化和历史背景，将生态恢复与文化传承相结合，如恢复传统农耕系统、保护文化遗产等，增强生态系统的文化内涵和社会认同感。

第三，公众教育与休闲。将恢复后的生态系统作为自然教育基地和休闲娱乐场所，通过举办科普活动、生态旅游等方式，提高公众对生态保护的认识和参与度。

3. 生态恢复的途径

（1）自然恢复

当生态系统遭受的压力尚未达到超负荷状态且损害是可逆的时，自然恢复机制便成为首选途径。这一过程的关键在于移除或减轻对生态系统的外部压力和干扰，让生态系统得以在自然法则的引导下逐步恢复健康。

以中国科学院海北高寒草甸生态系统开放试验站为例，面对退化草场的严峻形势，科研人员采取了围栏封育的措施。通过限制人类活动，如过度放牧、开垦等，减少了对草甸的直接干扰，为植被提供了必要的生长空间和恢复时间。几年间，随着土壤肥力的逐渐恢复和植物种群的自我更新，草场覆盖率显著提升，生物多样性得到增强，生态系统服务功能逐步恢复，展现了自然恢复力量的强大与高效。

（2）人工辅助恢复

当生态系统受损程度超出其自然恢复能力，发生不可逆变化时，单纯依靠自然过程已无法使系统回归初始状态。此时，人工辅助恢复成为必要选择，甚至需要采用特殊技术手段，以控制并逆转受损状态，逐步引导生态系统向更健康的方向发展。

在沙化和盐碱化严重的地区，自然演替恢复原始状态几乎不可能实现。这些区域往往因土壤结构破坏、水分失衡、盐分积聚等因素，导致植被难以生长，生态系统功能严重受损。针对此类情况，人工辅助恢复策略显得尤为重要。一方面，通过引进适合当地气候条件的草种、灌木等植物材料进行人工种植，可以有效增加地面植被覆盖，减少风蚀和水蚀，逐步改善土壤结构。另一方面，结合土壤改良技术，如施用改良剂、调整灌溉方式等，降低土壤盐分含量，为植被生长创造更有利的环境条件。

在此基础上进一步的生态改良措施，如构建生态廊道、恢复湿地、实施生物多样性保护计划等，可以进一步促进生态系统的整体恢复和功能的全面提升。这些措施不仅有助于恢复生态系统的自我调节能力，还能增强其对未来环境变化的适应能力，实现生态系统的长期可持续发展。

（二）生态恢复的一般理论对土地生态修复的启示

1. 识别关键限制因子

在土地生态修复过程中，首要任务是识别影响土地恢复的关键限制因子。这些因子可能包括土壤污染、水分短缺、养分不足等。不同的限制因子需要采取不同的修复措施，以实现精准施策。

土壤污染是当前土地生态面临的主要问题之一。针对这一问题，可以采用热力学修复技术，通过加热土壤使污染物挥发或分解，进而达到净化土壤的目的。此外，化学稳定化、植物修复等技术也是处理污染土壤的有效手段。

水分短缺则可以通过引入耐旱植物和节水灌溉技术来解决。耐旱植物能够在干旱条件下生存并生长，有助于提高土地的抗旱能力。节水灌溉技术则通过优化灌溉方式，减少水资源浪费，确保土地得到必要的水分供应。

养分不足则需要通过施肥和土壤改良措施来改善。合理施肥可以补充土壤中的养分，提高土壤肥力。土壤改良则可以通过添加有机质、石灰等物质，改善土壤结构和理化性质，为植物提供更好的生长环境。

2. 优化生态系统结构

优化生态系统结构是提升土地生态功能的重要手段。通过合理配置植物和土壤，可以优化土地的时空结构和营养结构，提高土地的生态稳定性和生产力。

多层次种植模式是一种有效的生态系统结构优化方式。通过在不同高度和层次上种植不同种类的植物，可以充分利用光能、水分和养分资源，提高土地的利用率和产出率。同时，多层次种植模式还可以增加植被覆盖，提高土壤的保水能力和肥力。

土壤改良和植被恢复也是优化生态系统结构的重要手段。通过改良土壤质地和理化性质，可以提高土壤的肥力和保水能力。植被恢复则可以通过种植本土植物，恢复土地的植被覆盖，提高土地的生态稳定性和生物多样性。

3. 利用生态位理论：构建稳定植物群落的基础

生态位理论是生态学中的一个重要概念，它指的是生物在生态系统中所占据的地位和角色。在土地生态修复中，利用生态位理论合理配置植物，可以形成稳定的植物群落，减少土壤侵蚀，提高土壤保水能力，进而改善土地生态环境。

根据植物生态位进行合理配置是构建稳定植物群落的关键。不同植物具有不同的生态位，它们在生态系统中的位置和作用也不同。通过合理配置不同生态位的植物，可以充分利用土地资源和生态空间，形成多样化的植物群落结构。这种结构有助于增强生态系统的稳定性和抵抗力，减少外界干扰对土地生态系统的影响。

促进植物间的相互作用也是利用生态位理论进行土地生态修复的重要手段。植物间存在竞争、共生、寄生等相互作用关系。通过合理配置植物种类和数量，可以促进植物间的互利共生关系，提高土地的生态功能和生产力。

4. 遵循生态适宜性原则

在土地生态修复的过程中，首要考虑的是植物的生态适应性。每一块土地都有其独特的自然环境条件，包括气候、土壤类型、水分状况及光照强度等，这些因素共同决定了哪些植物能够在此地良好生长。因此，选择适合当地环境条件的植物种类进行种植，是确保生态修复成功的关键一步。

遵循生态适宜性原则，意味着在修复设计时需进行详尽的生态调查，了解目标区域的生态特征，科学选择本土植物或经过验证的适应性强的外来物种。这样的选择不仅能提高植物的成活率，还能促进土壤结构的改善、水分保持能力的提升以及微生态系统的重建，为整个土地生态系统的恢复奠定坚实基础。

5. 促进群落演替

群落演替是生态系统自然发展的过程，通过人为调节措施，如引入先锋物种，可以加速这一过程，推动土地生态系统向更加稳定和健康的方向发展。先锋物种通常具有较强的环境适应能力和生态修复功能，它们能在恶劣条件下迅速生长，改善土壤质地，增加有机质含量，为其他物种的入侵和定居创造有利条件。

例如，在盐碱化严重的土地上，可以先种植耐盐碱的植物，如碱蓬草，这些植物通过根系活动可以降低土壤盐分，逐渐改善土壤环境，为后续的植物群落发展铺平道路。通过这样的策略，人类可以智慧地引导生态系统的演替方向，加速土地生态修复的进程。

6. 增加生物多样性

生物多样性是生态系统健康与稳定的重要标志，也是提高其抗干扰能力和资源利用效率的关键。在土地生态修复中，应注重生物多样性的增加，通过种植多种植物，形成复杂的食物链和食物网，增强生态系统的自我调节能力和恢复力。

多样的植物群落能够吸引更多种类的动物、昆虫及微生物，形成更加丰富的生物群落结构。这种多样性不仅提高了生态系统的生产力，还增强了其对气候变化、病虫害等外部干扰的抵抗力。例如，一个包含多种植物的修复区域，其根系结构更加复杂，能更好地固定土壤，同时，多样的植物也为不同的动物提供了食物来源和栖息地，促进了整个生态系统的繁荣与稳定。

二、景观生态学理论

(一) 景观生态学理论概述

景观生态学（Landscape Ecology）是一门研究在相当大的区域内，由许多不同生态系统所组成的整体（即景观）的空间结构、相互作用、协调功能及动态变化的新兴生态学分支。该理论最早在 1939 年由德国地理学家 C. 特洛尔提出，如今已成为北美生态学的前沿学科之一。

景观生态学强调以整个景观为研究对象，通过物质流、能量流、信息流与价值流在地球表层的传输和交换，以及生物与非生物、人类之间的相互作用与转化，运用生态系统原理和系统方法研究景观的结构和功能、动态变化及其相互作用机理。此外，景观生态学还研究景观的美化格局、优化结构、合理利用和保护，是一门多学科交叉的学科，主体是生态学和地理学。

景观生态学的研究焦点在于较大空间和时间尺度上生态系统的空间格局和生态过程。其理论发展突出体现在对异质景观格局和过程的关系的研究，以及它们在不同时间和空间尺度上相互作用的研究。这些研究包括探讨生态过程是否存在控制景观动态及干扰的临界值，不同景观指数与不同时空尺度对生态过程的影响，景观格局和生态过程的可预测性，以及等级结构和跨尺度外推等。

(二) 景观生态学理论对土地生态修复的启示

景观生态学理论在土地生态修复中具有重要的启示作用，主要体现在以下几个方面：

1. 区域尺度上的生态修复

景观生态学强调在较大空间尺度上研究生态系统的动态变化。在土地生态修复中，需要考虑到修复区域与周边环境的相互作用，不能局限于小范围的修复。例如，在矿区修复中，需要从区域尺度出发，重新构建原始景观空间格局，设计新的景观生态要素，以增加矿区景观生态系统的空间异质性和景观稳定性。

2. 景观异质性的利用

景观生态学重视景观的异质性，认为异质性是景观中不同组分和过程相互作用的重要基础。在土地生态修复中，可以利用景观斑块的镶嵌分布和景观的异质性，促进斑块之间的物种交流，成为退化生态系统修复的重要景观驱动机制。

3. 人类活动的干预

景观生态学认为，人类活动是现代地表生态系统结构和功能的主导驱动力量。在土地生态修复中，人类作为直接参与者、实施者及利益相关者，其主动干预和价值观取向是生态修复的隐含要素。因此，在生态修复过程中，需要考虑到人类活动对生态系统的影响，通过合理的规划和设计实现人与自然和谐共生。

4. 生态修复的整体性和系统性

景观生态学强调系统的等级结构、空间异质性、时间和空间尺度效应以及干扰作用。在土地生态修复中，需要注重修复的整体性和系统性，不仅要恢复土地的结构和功能，还要考虑到其对社会经济系统的影响。例如，通过协调自然与文化的关系，促进社会各相关方的有效参与，实现生态和社会“双修复”目标。

5. 可持续的生态修复

景观生态学强调景观的稳定性和可持续性。在土地生态修复中，需要注重修复结果的长期稳定性和对生态系统造成的长远影响。相较于物理和化学修复法，生态修复法具有费用节省、污染小、修复结果彻底等优点，更符合可持续发展的理念。

三、土壤学理论

(一) 土壤学理论概述

土壤学是一门研究地球陆地表面能够生长绿色植物的疏松层 (即土壤) 中的物质运动规律及其与环境间关系的科学。作为农业科学的基础学科之一，土壤学的主要研究内容包括土壤的组成、物理、化学和生物学特性，土壤的发生和演变，土壤的分类和分布，土壤的肥力特征以及土壤的开发利用、改良和保护等。

土壤学的兴起和发展与近代自然科学，尤其是化学和生物学的发展息息相关。16 世纪以前，人们对土壤的认识主要以土壤的某些直观性质和农业生产经验为依据。如中国战国时期的《尚书·禹贡》中根据土壤颜色、土粒粗细和水文状况等进行土壤分类，古罗马的加图则描述了罗马境内的土壤类型。16 至 18 世纪，随着自然科学的蓬勃发展，现代土壤学开始孕育和萌芽。在西欧，许多学者为论证土壤与植物的关系，提出了各种假说。18 世纪末，泰伊尔提出“植物腐殖质营养”学说，认为腐殖质是土壤中能作为植物营养的物质。这一学说在西欧曾风行一时。

19 世纪后期，土壤学发展出农业化学土壤学派、农业地质土壤学派和土壤发生学派。其中，农业化学派的代表人物李比希提出的“植物矿质营养学说”认为，矿质元素 (无机盐类) 是植物的主要营养物质，土壤是这些营养物质的主要来源。这一理论推动了化肥工业的发展，并为土壤学的发展作出了划时代的贡献。

进入 21 世纪，土壤学的研究更重视保护土壤资源、合理利用土壤和提高土壤生产力，以适应人口增长与耕地日益减少的矛盾。研究内容上，科学家更侧重于研究土壤中生物物质的循环和能量交换，以及重金属、化学制品 (农药及化肥) 和各种有机废弃物对土壤、作物、森林和人类健康的有害影响及其防治措施。研究手段上，大型分析仪器和电子计算机的应用使土壤分析的分辨力、精密度和分析速度进一步提高，土壤数据库和土壤信息系统的建立使数据处理和某些模拟研究更为有效。

(二) 土壤学理论对土地生态修复的启示

土壤学理论为土地生态修复提供了坚实的理论基础和科学依据。土壤学理论在土地生态修复过程中发挥了重要作用，主要体现在以下几个方面：

1. 恢复土壤肥力

土壤肥力是土壤为植物生长提供养分、水分、空气和热量的能力。土壤退化往往伴随着肥力的下降，导致植物生长受限，生态系统功能受损。土壤学理论指出，恢复土壤肥力需要综合考虑土壤有机质、养分元素、土壤结构和微生物群落等多个方面。

在修复实践中，可以通过添加有机肥料、绿肥种植、秸秆还田等方式增加土壤有机质含量，提高土壤保水保肥能力。同时，根据土壤养分测试结果，合理施用化肥，补充缺失的营养元素。此外，通过深耕松土、合理轮作等措施改善土壤结构，促进根系生长和微生物活动，从而全面提升土壤肥力。

2. 调节土壤温度和水分

土壤温度和水分是影响植物生长的关键因素。土壤学理论强调，通过合理的土壤管理措施，可以调节土壤温度和水分，为植物创造适宜的生长环境。

在干旱地区，可以通过覆盖保水、节水灌溉等技术，减少土壤水分蒸发，提高水分利用效率。在寒冷地区，可以通过覆盖地膜、秸秆等方式，提高土壤温度，促进植物早春萌发和生长。此外，通过调整植被覆盖度、种植耐寒抗旱植物等措施，也可以有效调节土壤温度和水分，增强生态系统的稳定性。

3. 维持生物多样性

生物多样性是生态系统稳定性和恢复力的基础。土壤学理论指出，土壤生物多样性包括土壤动物、微生物、植物根系等多个层次，它们相互作用，共同维持着生态系统的平衡。

在土地生态修复中，应注重保护和恢复土壤生物多样性。可以通过种植本土植物、建立植被缓冲区等措施，为土壤动物和微生物提供栖息地，促进生物多样性的恢复。同时，通过减少化肥农药的使用，降低对土壤生物多样性的破坏，维护生态系统的健康稳定。此外，还可以通过人工接种有益微生物、施用生物肥料等方式，增加土壤生物多样性，提高土壤生态系统的自我调节能力。

四、水土保持学理论

(一) 水土保持学理论概述

水土保持学是研究水土流失的原因、发展规律及其防治措施的应用学科。当水力、风力或重力等外力作用在土壤上，导致土壤和水资源的破坏和损失，这一过程不仅破坏土地资源、降低土壤肥力，还会加剧自然灾害，如洪涝和干旱等。水土保持的主要目的是通过一系列措施预防和治理水土流失，合理利用和开发水资源，保护和改善生态环境，提高土壤生产力。

水土保持学主要包括以下几个方面的内容：

1. 水土流失基本理论

研究土壤侵蚀的过程、类型和强度，以及不同外力作用下土壤侵蚀的规律。

2. 水土保持综合治理措施

包括水土保持耕作措施、林草措施和工程措施。耕作措施通过改变地面小地形、增加地面覆盖和改善土壤理化性质来减少水土流失；林草措施通过植树造林、种草和合理配置植被来增加地面覆盖和改善土壤结构；工程措施则通过建造梯田、沟壑治理等工程来控制水土流失。

3. 水土保持的调查与评价

对水土流失现状进行调查，评估其对生态环境的影响，并制定相应的治理方案。

水土保持工作的重要性不仅在于其对土地资源的保护，还在于其对生态平衡的维护。水土保持工作通过科学合理的规划可以帮助某一区域建立生态微地形，提高地表植被覆盖率，优化水资源配置，从而达到调节地表径流、保持水土的目的。

(二) 水土保持学理论对土地生态修复的启示

水土保持学理论为土地生态修复提供了重要的指导和启示，主要体现在以下几个方面：

1. 优化水资源配置

水土保持工作通过科学合理的规划，能够优化水资源的配置，改变土壤中水分的渗透率，从而调节地表径流，改善区域水资源状况。在生态修复中，应重视水资源的合理利用，通过广植林草等形式，拦截区域内的地下水和地表水，改善生态环境。

2. 注重生态系统综合性

水土保持生态建设是一项系统工程，涉及方方面面。在土地生态修复中，应注重生态系统的综合性，综合考虑生态、生产和生活之间的关系。通过山水田林路全面规划，工程措施、生物措施和农耕措施因地制宜、合理配置，实现生态效益、经济效益和社会效益的统筹兼顾。

3. 加强生态自我修复能力

生态修复是水土保持生态建设的重要手段。通过充分发挥生态自我修复能力，加快植被恢复，加强植被保护，可以大大加快水土流失治理的步伐，丰富水土保持综合治理的内涵。在土地生态修复过程中，应注重科技的应用，提高生态修复的科技含量，利用高新技术手段，如“3S”技术，进行生态修复的研究和实施。

4. 完善法律法规和技术支撑

水土保持工作的顺利开展需要完善的法律法规和技术支撑。在土地生态修复中，应建立健全相关法律法规，为水土保持工作提供法律保障。同时，加强技术研究和创新，提高水土保持工作的科技水平，为生态修复提供科学的技术支持。

5. 调动社会各界积极性

水土保持生态建设是一项伟大事业，需要广大人民群众的参与。在土地生态修复中，应深化改革，创新机制，调动社会各界参与水土保持生态建设的积极性。通过承包、租赁、股份合作、拍卖“四荒”使用权等方式，明晰所有权，拍卖使用权，搞活经营权，放开建设权，吸引更多的社会资金投入生态修复。

总之，水土保持学理论为土地生态修复提供了重要的指导和启示。通过科学合理的规划、综合性的生态系统管理、加强生态自我修复能力、完善法律法规和技术支撑以及调动社会各界积极性，可以有效推进土地生态修复工作，改善生态环境，进而实现可持续发展。

第三节　土地生态修复规划技术

一、基于自然的修复方法

基于自然的修复方法强调利用生态系统的自我调节和自组织能力，辅以必要的人工措施，以恢复受损的土地生态系统至健康稳定的状况。这种方法的核心在于保护和恢复生物多样性，构建良好的非生物环境，并促进生态系统的良性循环。

（一）生物多样性恢复

生物多样性的恢复是土地生态修复的核心内容之一。一个健康的生态系统依赖于丰富多样的生物种群，这些种群在维持生态平衡、促进土壤健康和提高水质等方面发挥着关键作用。

1. 植被重建

植被重建是恢复生物多样性的关键步骤。通过引入本地植物物种，恢复受损地区的植被覆盖，可以提供栖息地和食物来源，促进物种多样性的恢复。例如，在草原生态系统中引入适量的食草动物，可以调控植被生长，同时促进其他物种的繁衍。此外，封山育林等减少人为干扰的措施，可以让植被自然恢复，进一步提升生物多样性。

2. 微生物修复

微生物在生态系统中扮演着重要角色，可以降解有害物质、维持土壤健康稳定。通过引入特定微生物物种，可以促进生态系统的恢复和维持。例如，利用固氮菌增加土壤肥力，不仅可以改善土壤质量，还能为植物提供更好的生长环境，从而吸引更多动植物定居，增加生物多样性。

3. 动物修复

某些动物物种具有重要的生态角色，引入这些物种可以调节食物链和生态平衡，促进生态系统恢复。保护和恢复濒危动物种群，维护生态系统的稳定性，是生物多样性恢复的重要组成部分。

(二) 非生物环境构建

非生物环境构建是土地生态修复的另一重要方面。土壤、水体等环境要素的健康状况直接影响着生态系统的整体功能。

1. 土壤修复

土壤修复是恢复土地生态功能的基础。针对不同类型的土壤污染，可以采取不同的修复策略。例如，对于重金属污染的土壤，可以采用植物提取、土壤钝化等技术进行修复。植物提取技术通过种植能够吸收重金属的植物，将重金属从土壤中移除。土壤钝化技术则是通过添加改良剂，降低土壤中重金属的活性，减少其对环境的危害。

此外，土壤深翻耕、调节 pH 和施用有机肥等方法也是有效的土壤修复手段。深翻耕可以将重金属浓度高的表层土壤与浓度较低的下层土壤混合，降低表层土壤的重金属浓度。调节土壤 pH 值可以促使重金属阳离子发生共沉淀作用，降低其活性。施用有机肥则可以改良土壤结构，为植物提供更好的生长条件。

2. 水体生态系统恢复

水体生态系统的恢复对于维护土地生态平衡同样重要。建立湿地和河岸带植被，可以减少水体污染物负荷，提高水质，为水生生物提供适宜的生存环境。同时，进行河道疏浚，改善水流状况，增加水体的自净能力，也是恢复水体生态系统的重要措施。

3. 人工湿地建设

人工湿地是一种模拟天然湿地功能的生态系统修复技术。通过构建人工湿地，可以净化水体并提供栖息地，改善生态系统质量。人工湿地可以根据不同的地形和水质条件设计不同类型，如表面流湿地、潜流湿地等，以适应不同的修复需求。

二、土方施工工程技术

土方施工工程技术在土地生态修复中发挥着重要作用。它主要包括土方开挖、填筑、地基处理和路基施工等方面，旨在重塑地貌、改善土壤条件，并提升土地的生态服务功能。

(一) 土地生态修复规划技术

土地生态修复规划技术中的土方施工工程技术是恢复和提升生态系统功能的关键步骤。在生态修复项目中，土方施工不仅涉及地貌的重塑，还需要兼顾环境保护和生态平衡。下面将重点讨论土方开挖与填筑、地基处理这两个方面的技术要点。

1. 土方开挖与填筑

土方开挖与填筑是土方施工工程技术的核心内容，旨在通过地形重塑来改善土地质量，消除地质灾害隐患，提升土地生态功能。

(1) 土方量计算

土方施工的首要步骤是进行土方量计算，这通常通过方格网法等方法进行。精确计算所需土方量不仅有助于控制工程成本，还能确保施工过程中的物料调配高效合理。

(2) 土方调配

土方调配是土方开挖与填筑的重要环节，涉及挖、填方区土方的调配方向、调配量及运输距离。通过多方案比较，选择经济效率较优的土方调配方案，可以显著减少施工过程中的资源消耗和环境破坏。

(3) 施工方法

在农田、道路、沟渠等配套设施的土方施工中，施工方法的选择需要结合工程量、工程进度要求和工程预算。常用的施工方法包括人工土方挖运和机械土方挖运。人工土方挖运适用于小面积或复杂地形的施工，而机械土方挖运则适用于大面积、高效率的施工需求。

(4) 生态环境防护

土方施工过程中，应采取有效的生态环境防护措施，防止挖填土方对生态完整性的破坏。具体措施包括设置临时围挡、采用湿法开挖技术减少扬尘污染、使用覆盖车辆和防尘网减少土壤流失和空气污染等。

2. 地基处理

地基处理是确保土地生态修复项目稳定性和耐久性的基础。通过地基处理，可以改善地基条件，提高土地的承载力和稳定性。

(1) 地基处理方法

地基处理方法的选择应根据地基的物理力学性质、地质土埋藏条件、上部结构特点等因素综合考虑。常用的地基处理方法包括置换法、压密法、挤密法、复合地基法、排水固结法、化学胶节法及加筋法等。复合地基法因其效果显著，是当今地基处理技术中较为普遍采用的方法。

(2) 影响因素

地基处理的效果受多种因素影响，包括地基的物理力学性质、地质条件、上部结构特点、材料来源、加固目的、现场施工设备、周围环境条件等。因此，在确定地基处理方法前，应充分考虑各方面因素和现场实际条件，进行多方论证。

(3) 地基处理的重要性

在土地生态修复项目中，地基处理的重要性不言而喻。良好的地基处理可以确保修复后的土地具有足够的承载力和稳定性，防止因地基问题导致的工程事故和生态破坏。

(4) 地基处理与环境保护

地基处理过程中，应注重环境保护。例如，采用化学胶结法时，应严格控制化学物质的用量和排放，防止对土壤和地下水造成污染。同时，在采用压密法和挤密法时，应合理控制施工压力和频率，防止对周边生态环境造成破坏。

(二) 生态防护措施

在土方施工工程中，生态防护措施是保护生态环境、防止水土流失和生态破坏的重要手段。

1. 植被恢复

在土方施工完成后，应立即进行植被恢复工作。通过种植草本植物、乔木等来改善环境，减少土壤的风蚀和侵蚀，同时提高土壤的保水性和抗风化能力。植被的恢复不仅有助于土壤的保护，还能提升整个生态系统的稳定性和多样性。

2. 土壤保护与修复

在土方施工前，应进行土壤调查和分析，根据土壤的状况选择合适的施工方法。在施工过程中，可以采用植被覆盖、改良和施加有机肥料等手段来修复土壤。土壤的保护与修复是生态防护措施的重要组成部分，能够减少施工对土壤造成的破坏，提升土壤的质量和生产能力。

3. 水资源保护

在土方施工过程中，应合理利用水资源，减少水的消耗，并建立合理的水资源管理制度。禁止向江河湖库排放有害物质，避免水源污染。通过保护水资源，可以维护生态系统的平衡，促进生态修复的成功。

4. 噪音与扬尘控制

土石方工程中，挖掘、运输、卸载土石方材料会产生大量的扬尘和噪音。为了减少这些污染，应采取有效的措施进行控制。比如增加湿化处理、喷水降尘、覆盖裸露的土石方材料等来控制扬尘污染；切换低噪音机械设备、合理安装隔音设备等来减少噪音的产生和传播。

(三) 土方施工与生态修复的结合

土方施工与生态修复的结合是实现土地生态修复目标的关键。

1. 科学规划与设计

在土方施工前，应进行科学的规划与设计，确保施工活动与生态修复目标相一致。规划与设计应充分考虑地形地貌、土壤条件、水资源状况等因素，制定科学合理的土地整治方案和生态环境保护措施。

2. 生态优先原则

在土方施工过程中，应始终坚持生态优先的原则。通过采用生态化施工方法和技术手段，减少对生态环境的破坏和污染。比如，在农田生态沟渠设计中，采用自然材料和生态化手段，构造局部小生态环境系统，维护水质安全，拦截有害污染物质。

3. 持续监测与管理

土方施工完成后，应进行持续的监测与管理，确保生态修复的效果。通过对土壤质量、水资源状况、植被恢复情况等进行定期监测和评估，及时发现并处理可能出现的问题，确保生态修复的成功和可持续性。

三、地力修复工程技术

地力修复工程技术主要针对农用地整治内容，目标是加强农地肥力的培育、保护和修复。这一技术通过生态化修复方法，采用物理和生物手段，逐步用绿色化、生态化的育肥和种植模式代替化肥使用，从而提高土壤有机质含量，增强农地的生产能力。

(一) 土壤保护与耕作层维护

地力修复工程技术首先强调对土壤耕作层的保护。通过合理的耕作和轮作制度，避免过度耕作和单一作物种植导致的土壤退化。同时，采用覆盖耕作、深松等物理手段，进而改善土壤结构，增加土壤孔隙度，提高土壤的保水保肥能力。

(二) 绿肥种植与作物还田

大力推广绿肥种植，通过种植豆科作物、禾本科作物等绿肥植物，增加土壤有机质含量，进而改善土壤理化性状。在作物收获后，将秸秆、根系等残留物还田，增加土壤中的碳源和氮源，促进土壤微生物活动，以提高土壤肥力。

(三) 生态化育肥模式

逐步替代传统化肥使用，采用有机肥、生物菌肥等生态化育肥模式。通过合理施肥，控制养分流失，提高肥料利用率，减少环境污染。同时，结合土壤测试结果，进行精准施肥，满足作物生长需求，提高作物产量和品质。

四、污染修复工程技术

污染修复工程技术主要针对受污染的土地，通过实施土壤改良工程和污染修复工程，恢复土地的生产能力和生态功能。这一技术需要全面查清区域污染源和土壤污染状况，有针对性地采用工程措施、化学措施、生物措施进行修复。

（一）污染源防控与土壤改良

在污染修复前，首先进行污染源防控，防止污染物进一步扩散。对已经污染的土壤，采用改良剂技术，如施加石灰、碳酸钙、磷酸盐等化学物质，降低重金属的活性，控制重金属进入食物链。同时，通过土壤深翻、水洗等措施，稀释或去除重金属离子。

（二）生物修复技术

生物修复技术是利用微生物、植物和动物等生物体对污染物进行吸收、降解或转移的过程。其中，微生物修复技术利用特殊微生物对重金属进行吸收、沉淀、氧化和还原等作用，降低土壤中的重金属毒性。植物修复技术则通过超富集植物富集土壤中的重金属，并转移到植物的可收割部分，达到修复目的。动物修复技术则利用某些低等动物，如蚯蚓、鼠类等，吸收、降解或转移土壤中的重金属。

（三）物理化学联合修复

对于重度污染的土地，需要采用物理化学联合修复技术。如玻璃化技术，通过高温熔融使重金属玻璃化，处理 As、Pb、Cr 等重金属污染。电动技术则在污染土地中插入阴阳电极，通以低强度电流，使重金属在电解、电迁移、电渗和电泳等作用下被移走。此外，还有固化 / 稳定化技术、化学淋洗技术等，通过向污染土地中加入改良剂或淋洗液，降低重金属的迁移性和生物可利用性。

五、微生物技术

微生物技术在土地生态修复中扮演着重要角色。该技术利用土著微生物或人工驯化的具有特定功能的微生物，通过其代谢作用，分解土壤中的有害物质或降解有机污染物，恢复土壤和生态系统的健康。

微生物修复技术相较于化学和物理修复技术，具有成本低、对土壤肥力和代谢活性负面影响小的优势。它主要通过两种作用方式实现污染物的降解：一是通过微生物分泌的胞外酶降解；二是污染物被微生物吸收至细胞内后，由胞内酶降解。微生物还能通过生物富集和生物转化等方式，改变重金属的毒性，形成解毒机制。

微生物技术的应用形式多样，包括原位微生物修复和异位微生物修复。原位微生物修复技术直接在污染现场进行，通过添加营养物质和供氧，促进土壤中土著微生物或特异功能微生物的代谢活性，降解污染物。异位微生物修复技术则是将污染土壤挖出，进行集中生物降解。

在中国，微生物修复技术已应用于农药残留、石油烃污染、有机砷和持久性有机污染物（如多氯联苯和多环芳烃）的修复中。通过筛选和驯化高效降解微生物菌株，提高功能微生物在土壤中的活性、寿命和安全性，优化修复过程参数，调控养分、温度、湿度等关键因子，显著提高了修复效率。

然而，微生物修复技术也面临一些挑战，如治理时间较长、微生物遗传稳定性差、特定微生物只能降解特定化学物质等。因此，未来的发展方向是继续筛选和驯化新的降解菌株，开展典型污染物微生物降解的基因组研究，构建污染物降解关键酶和功能优化的基因工程菌。

六、生态重建技术

生态重建技术是通过恢复植被、土壤和微生物，重建受损生态系统的结构和功能，恢复其自我维持和自我修复能力。这一技术主要包括土地整理、植被恢复、土壤改良和微生物群落重建等环节。

土地整理是生态重建的第一步，通过遥感、实地调查等方法全面掌握重建地区的土地退化问题及原因，制定土地生态重建计划。植被恢复是重建生物群落的首要任务，通过封山育林、人工促进先锋群落形成等措施，逐步恢复植被覆盖。在植被恢复过程中，应充分考虑生境的异质性、地球化学背景和物种的适应性，选择适宜的乡土树种进行混交。

土壤改良则通过改良土壤结构、提高土壤肥力等措施，为植被恢复提供良好条件。微生物群落重建则是通过引入和培育有益微生物，恢复土壤微生物多样性，提高土壤生态系统的稳定性和自我修复能力。

生态重建技术的成功应用，不仅能够有效遏制土地退化，提高植被覆盖率，还能改善空气质量、调节局部小气候，实现生物群落的动态平衡。在矿山土地复垦、干热河谷区土地贫瘠化生态恢复等案例中，生态重建技术取得了显著成效。

公众参与是生态重建技术实施的重要环节。通过全面了解公众对项目的认识态度，让公众对项目建设过程中和实施后可能带来的环境问题提出意见和建议，保障项目在建设决策中的科学化、民主化。公众参与不仅提高了项目的可行性，也促进了生态重建技术的有效实施。

七、生态工程技术

生态工程技术是土地生态修复的重要手段，它主要通过人工干预的方式，恢复和重建受损生态系统的结构和功能。这一技术包括植被生态修复、土壤改良、地形重塑等多个方面。

（一）植被生态修复

植被生态修复技术通过种植本地适宜的乔木、灌木和草本植物，恢复和增强生态系统的净化和吸附功能。这种方法不仅能改善土壤质量，还能提升生态系统的生物多样性。在实际操作中，应优先选择本地植被，以增强生态系统的适应性和稳定性。

（二）土壤改良

土壤改良技术通过使用生物质炭、有机肥料等特殊材料，增加土壤的含水能力和肥力。同时，对土壤性质进行详细分析，结合土地质量和生态环境，制定一系列恢复生态平衡的措施。这些措施有助于提升土壤的抗性和生产能力，为生态系统的恢复提供坚实的基础。

（三）地形重塑

地形重塑技术主要用于消除地质灾害隐患，如削坡工程、农田平整工程等。在土方施工中，通过精确计算土方量和调配方案，优化施工方法和生态环境防护措施，减少对生态系统的破坏。此外，地形重塑还有助于改善水资源的分布和利用，提升生态系统的整体稳定性。

八、生态水文修复技术

生态水文修复技术则侧重于恢复和改善水生态系统的结构和功能，提升水资源的可持续利用能力。这一技术包括河流生态修复、湿地生态修复和地下水修复等多个方面。

(一) 河流生态修复

河流生态修复技术通过恢复河流的自然蜿蜒模式，增加河流的复杂性和生物多样性。这包括使用木材、块石等生态工程材料，在河道局部区域构筑特殊结构，调节水体与岸坡之间的作用。同时，通过种植水生植物和构建生态边坡，提升河流的自我净化能力和稳定性。

(二) 湿地生态修复

湿地生态修复技术通过构建人工湿地、恢复湿地植被和改善湿地水质，提升湿地的生态服务功能。这包括采用水质净化、水系连通、基底改造等技术手段，使湿地成为水质优良、景观优美的稳定生态系统。此外，通过规划和管理湿地资源，促进湿地的可持续发展和生态平衡。

(三) 地下水修复

地下水修复技术主要关注地下水污染的治理和恢复。这包括采用物理、化学和生物手段，去除地下水中的污染物，提升地下水的质量和可持续性。同时，通过合理规划和利用地下水资源，减少对地下水系统的破坏和污染。

第五章　基于土地生态修复的土地整治探究

第一节　土地整治的基本概念与目标

一、土地整治的基本概念

(一) 土地整治的定义

土地整治是指对低效利用、不合理利用、未利用以及因生产建设活动和自然灾害损毁的土地进行整治，以提高土地利用效率的活动。这一定义不仅包括了传统的土地整理、土地复垦和土地开发，还涵盖了更广泛的土地整治范畴，如农用地整治、农村建设用地整治、城镇工矿建设用地整治等。

(二) 土地整治的分类

具体来说，土地整治可以细分为以下几种类型：

1. 农用地整治

农用地整治主要针对的是以耕地为主的区域，目的是通过实施土地平整、灌溉与排水、田间道路、农田防护与生态环境保持等工程，增加有效耕地面积，提高耕地质量，改善农业生产条件和生态环境。高标准基本农田建设是农用地整治的一个重要方向，它要求通过整治形成集中连片、设施配套、高产稳产、生态良好、抗灾能力强、与现代农业生产相适应的基本农田。

在农用地整治过程中，会采取一系列工程措施和生物措施，如推平土地、种树种草等，以改善土壤环境和提升土地利用率。同时，还会注重保持生态平衡，确保整治后的土地既能满足农业生产需求，又能维护生态环境稳定。

2. 农村建设用地整治

农村建设用地整治主要针对的是农村地区散乱、废弃、闲置和低效利用的建设用地。整治的目标是通过复垦和重新规划，完善农村基础设施和公共服务设施，改善农村生产生活条件，提高农村建设用地节约集约利用水平。

农村建设用地整治通常包括空心村整治、工矿废弃地复垦等内容。整治过程中，会采取多种措施，如拆除废弃建筑、平整土地、建设公共设施等，以提升土地的利用效率和价值。同时，整治后的土地还可以根据规划调整到城镇使用，实现城乡统筹发展和优化土地利用结构。

资金筹措是农村建设用地整治的重要环节。地方各级人民政府需要高度重视整治资金筹措，通过置换建设用地指标带来的收益、社会资金参与等多种方式，确保整治工作的顺利进行。

3. 城镇工矿建设用地整治

城镇工矿建设用地整治主要针对的是旧城镇、城中村以及旧工矿等低效利用的城镇建设用地。整治的目标是通过改造和重新规划，优化城镇土地利用结构，提高城镇土地节约集约用地水平，缓解土地供需矛盾，改善人居环境。

在城镇工矿建设用地整治过程中，会采取一系列措施，如拆除旧建筑、重建基础设施、合理规划用地等，进而提升土地的利用效率与价值。同时，整治后的土地还可以用于发展新兴产业、完善公共设施等，促进城镇经济社会的全面发展。

需要注意的是，城镇工矿建设用地整治需要坚持科学发展观的原则，以社会经济快速、持续、健康发展为目的。在整治过程中，需要注重保护生态环境和文化遗产，确保整治后的土地既能满足城镇发展需求，又能维护生态平衡和历史文化传承。

4. 土地复垦

土地复垦是指对生产建设活动和自然灾害损毁的土地，采取工程、技术等措施，使其恢复可利用状态的活动。这类整治活动主要针对以下几类土地：

(1) 露天采矿、烧制砖瓦、挖沙取土等地表挖掘所损毁的土地

这些活动往往会对土地造成严重破坏，使其失去原有的利用价值。通

过土地复垦，可以恢复这些土地的可利用性，使之重新用于农业、林业或其他经济活动。

(2) 自然灾害损毁的土地

如洪水、地震、滑坡等自然灾害也会对土地造成损毁。通过复垦，可以使这些土地恢复其生态功能，保障生态安全和土地资源的可持续利用。

土地复垦不仅有助于恢复土地的生态和经济价值，还能减少土地资源的浪费，保障土地资源的可持续利用。在矿区，土地复垦更是重中之重，以确保矿区生态环境和土地资源的恢复和平衡。

5. 宜耕后备土地资源开发

宜耕后备土地资源开发是指在保护生态环境的前提下，对未利用或低效利用的土地进行合理规划，实现土地资源的优化配置。这一活动主要通过引入现代农业技术和管理模式，实现土地的高效利用，提高农业生产效益，促进农业经济的可持续发展。

宜耕后备土地资源开发具有广阔的市场前景和巨大的发展潜力。这主要体现在以下几个方面：

第一，政策支持。政府对农业创新给予了大力支持，鼓励社会资本进入农业领域，推动农业科技创新和农业现代化进程。这为宜耕后备土地资源开发提供了良好的政策环境。

第二，市场需求。随着人口的增长和经济的发展，对农产品的需求不断增加。通过开发宜耕后备土地资源，可以增加耕地面积，提高粮食产量，满足市场需求。

第三，现代农业技术的应用。通过引入现代农业技术和管理模式，可以提高土地的利用效率，降低生产成本，提高农产品的质量和产量。

在具体实施过程中，宜耕后备土地资源开发需要注重以下几个方面：

第一，科学合理的规划。根据土地资源的分布和特点，制定科学合理的规划方案，确保开发的可行性和效益。

第二，生态保护。在开发过程中，要注重生态保护，避免对生态环境造成破坏。通过合理的土地利用方式和生态工程措施，实现土地资源的可持续利用。

第三，基础设施建设。完善农村基础设施，以提高土地利用效率，改善农民的生产和生活条件。

二、土地整治的主要目标

土地整治的目标可以概括为“稳量、提质、增效”。具体来说，包括以下几个方面：

（一）保证耕地数量

耕地是粮食生产的基础，保证足够的耕地数量是确保国家粮食安全的首要条件。土地整治的首要任务便是通过有效的政策与措施，稳定并逐步增加耕地面积，具体包括：

第一，耕地占补平衡。严格执行耕地占补平衡政策，确保每占用一亩耕地，就通过土地开发、整理、复垦等方式补充相应数量和质量的耕地，实现耕地总量的动态平衡。

第二，低效用地再开发。对闲置、低效利用的土地进行整治，如废弃工矿用地、农村闲置宅基地等，通过复垦、调整利用方向，转化为有效耕地。

第三，生态退耕的科学规划。在推进退耕还林、还草等生态工程时，科学规划，确保不影响粮食生产的核心区域，同时探索生态与农业兼容并蓄的发展模式。

（二）提高耕地质量

仅仅保证耕地数量是不够的，提高耕地质量同样至关重要。高质量的耕地能够显著提升农作物的单产和品质，促进农业可持续发展。土地整治在提高耕地质量方面的主要策略包括：

第一，农田基础设施建设。加强农田水利、道路、防护林等基础设施建设，改善农田灌溉条件，减少自然灾害对农业生产的影响。

第二，土壤改良与肥力提升。通过施用有机肥、绿肥种植、秸秆还田等措施，提升土壤肥力。同时，开展土壤污染修复，减少重金属和化学物质对土壤的污染。

第三，农业科技应用。推广智能农业、精准施肥灌溉等技术，提高农业生产效率，减少资源浪费，同时，通过品种改良、病虫害绿色防控等手段，提升作物产量和品质。

第四，农田生态系统构建。构建农田生态系统服务功能，如种植多样性作物，保护农田生物多样性，增强农田生态系统的自我调节能力和抗灾能力。

（三）提高土地利用效率

土地整治的首要目标是通过优化土地利用结构，提升土地的集约度和产出率，从而有效提高土地利用效率。这一过程涉及多个层面的变革与创新：

1. 城镇工矿建设用地的整治

针对城市化进程中出现的土地低效利用问题，通过对城镇工矿建设用地进行整治，不仅可以完善基础设施和公共服务配套设施，提升土地的使用价值和经济效益，还能有效缓解城市扩张对周边农田的侵占压力。通过合理规划布局，引导产业集聚发展，不仅能够提高生产效率，还能带动周边地区的经济发展。

2. 农村土地综合整治

在农村地区，土地整治则侧重于农用地整理和村庄整治，通过平整土地、完善农田水利设施、推进高标准农田建设等措施，提高农田的灌溉效率和产出能力，保障国家粮食安全。同时，通过村庄整治，改善农村居民的生活条件，促进农村经济的多元化发展。

（四）改善生态环境

土地整治不仅仅是对土地资源的经济开发，还是对生态环境的深度呵护。在追求土地利用效率的同时，土地整治工作始终将生态环境保护放在首位，力求实现经济效益与生态效益的双赢：

1. 生态功能恢复

通过生态修复技术，如植被恢复、水土保持等措施，对受损土地进行治理，恢复土地的生态功能，如水源涵养、生物多样性保护等，为生态系统提供稳定的支撑。这不仅有助于提升土地的自然生产力，还能增强区域的生态安全屏障。

2. 生态景观建设

在土地整治过程中，注重生态景观的规划与建设，将自然景观与人文景观相结合，打造具有地方特色的生态景观体系。这不仅美化了环境，提升了居民的生活质量，还促进了生态旅游等绿色产业的发展，为区域经济注入了新的活力。

（五）促进城乡统筹发展

城乡发展不平衡是我国经济社会发展面临的一大挑战。土地整治通过科学规划和合理布局，有效打破了城乡分割的壁垒，为城乡一体化发展提供了坚实的基础。

1. 优化土地资源配置

通过对农村闲置、低效利用土地的整理和开发，释放出大量建设用地指标，这些指标可以通过土地增减挂钩等政策机制，向城市转移，为城市扩张和产业升级提供空间支持，同时确保农村地区的土地权益得到合理补偿，实现城乡土地资源的优化配置。

2. 推动基础设施建设

土地整治往往伴随着道路、水利、电力等基础设施的改善和升级，这不仅提升了农村地区的生产生活条件，也为城乡间的物流、人流、信息流提供了更加便捷的通道，促进了城乡经济的深度融合。

3. 促进产业协同发展

结合当地资源禀赋和市场需求，土地整治可以引导特色产业在城乡间合理布局，如发展乡村旅游、农产品深加工等，既增强了乡村经济的自我发展能力，也为城市居民提供了休闲度假的新去处，促进了城乡产业结构的优化升级。

（六）改善生产生活条件

土地整治直接关乎民众的生活质量，通过改善土地质量、提升基础设施水平，为农民和城市居民创造了更加宜居宜业的环境。

1. 提高土地生产能力

通过土壤改良、农田水利设施建设等措施，显著提高了耕地的质量和产出能力，保障了国家粮食安全和农产品的有效供给。同时，引导农民采用现代农业技术和管理模式，提升农业生产效率，增加农民收入。

2. 改善居住环境

土地整治项目中的村庄整治、生态修复等内容，有效解决了农村脏乱差问题，提升了乡村风貌，改善了农民居住条件。在城市，通过旧城改造、棚户区改造等项目，优化了城市空间布局，提高了居民居住品质。

3. 促进生态文明建设

土地整治强调生态保护与修复，通过植树造林、湿地恢复、水土保持等措施，增强了生态系统的稳定性和服务功能，为城乡居民提供了更多亲近自然、享受绿色生活的空间，促进了人与自然和谐共生。

第二节　土地整治的技术方法

土地整治的技术方法涵盖了从规划设计到具体施工的多个方面，以下是一些关键的技术方法：

一、规划设计

土地整治是盘活存量土地、强化节约集约用地、适时补充耕地和提升土地产能的重要手段。通过对低效利用、不合理利用、未利用以及因生产建设活动和自然灾害损毁的土地进行整治，可以提高土地利用效率。下面将探讨土地整治的规划设计过程，包括对现有土地利用结构、土地质量、社会经济发展情况等的全面分析，找出存在的问题和不足，确定合理的土地利用结构和规模，并制定出整治原则、目标和工作内容，最后进行土地利用和空间布局设计。

（一）全面分析与问题识别

1. 土地利用现状分析

对现有土地的利用情况进行全面调查和评估，包括各类土地的面积、分布和利用方式等。通过这一步骤，可以了解土地资源的现状，识别出低效利用和闲置土地。

2. 土地质量评估

土地质量评估是土地整治的重要环节。通过对土壤肥力、水分条件、地形地貌等因素的综合分析，可以确定土地的质量等级和存在的问题。例如，土壤贫瘠、排水不畅、地形崎岖等问题都需要通过整治措施加以解决。

3. 社会经济发展情况分析

土地整治需要与社会经济发展相协调。通过分析区域经济社会发展需求、资源环境承载能力等因素，可以确定土地整治的方向和重点。例如，在城市化进程中，需要满足建设用地的需求，同时也要保障农业生产和生态环境的平衡。

（二）确定土地利用结构和规模

1. 制定土地利用原则

根据分析结果，制定土地利用原则，包括合理利用土地资源、优化空间布局、保护生态环境等。这些原则将指导整个土地整治过程，确保整治工作的科学性和可持续性。

2. 确定土地利用结构和规模

根据土地利用总体规划，划分不同的土地利用区域，如农业用地、建设用地、生态用地等，并确定各区域的规模和比例。这一步骤需要综合考虑经济社会发展的需求和土地资源的实际情况，确保土地资源得到最优化配置。

3. 制定整治目标和工作内容

根据土地利用原则和结构，制定具体的整治目标和工作内容。例如，通过土地平整、土壤改良等措施提高土地质量，通过修建灌溉排水设施、修建农田道路等措施改善农业生产条件，通过生态修复和保护措施提升生态环境质量。

（三）土地利用和空间布局设计

1. 考虑差异和景观要求

在进行土地利用和空间布局设计时，需要充分考虑区域的自然和人文差异，以及景观要求。例如，在山区，需要采取适宜的措施防止水土流失；在平原地区，可以通过农田防护林建设提高农田的生态防护能力。

2. 合理规划土地利用

在土地利用方面，需要根据土地资源的分布特点和利用需求，合理规划各类用地的空间布局。例如，在农业用地方面，可以通过土地平整和灌溉排水设施的建设，提高农田的利用效率和产出率；在建设用地方面，可以通过合理的用地布局和建筑设计，减少土地的浪费，提高土地的利用效率。

3. 优化空间布局

空间布局的优化是土地整治的重要内容。通过合理规划交通网络、公共服务设施等，可以提高城市空间的利用效率和生活质量。例如，在城市化进程中可以通过规划地铁线路、公交站点和自行车道等，优化交通网络，减少交通拥堵；通过规划绿地和生态景观，提升城市的环境质量。

4. 引入先进技术

测绘新技术在土地整治规划设计中发挥着重要作用。遥感技术（RS）、全球定位系统（GPS）和地理信息系统（GIS）等先进技术的应用，可以提高土地测量的精度和效率，为土地整治提供科学的技术支持。例如，在土地整治实施阶段，可以利用 DEM 技术对整治前后的高程数字模型进行辅助计算，准确计算项目区内各个农田的设计填挖方量和施工填挖方量。

二、土地整理

土地整治，作为优化土地利用结构、提升土地利用效率的重要手段，其中土地整理技术扮演着核心角色。通过对地块间界线的精细调整、合理扩充、必要变更或有效隔离，土地整理不仅满足了工程建设与经营管理的实际需求，还通过科学的规划布局，推动了区域内土地资源的优化配置与可持续发展。下面将深入探讨土地整理的技术方法，特别是如何利用土地整理图实现这一目标。

（一）土地整理的基本概念

土地整理是指依据土地利用总体规划和社会经济发展需求，采用工程技术手段，对特定区域内的土地进行重新划分、调整和优化配置的过程。其核心目的在于通过改善土地利用结构，提高土地利用效率，以促进农业现代化、城乡一体化发展，同时兼顾生态保护与社会效益。

(二) 土地整理的技术方法

1. 地块界线调整

地块界线调整是土地整理的首要步骤，其目的是优化土地资源配置，提高土地利用效率。根据地形地貌和土地利用现状，地块界线调整可以分为平原地区和丘陵地区两种处理方式。

在平原地区，由于地块界线相对不清晰，且考虑到规模经营对生产效益的提高作用，可以先提取原始地块界线与权属界线，然后以新的规模边界作为集体权属界线。通过这种方式，可以将零散地块归并，形成较大规模的经营单元，便于机械化作业和现代化管理。

在丘陵地区，地块界线相对清晰，高差明显。因此，可以将地块界线与原始权属界线进行适当合并与裁剪，从因地制宜的原则出发，形成新的权属界线。这种调整方式有助于减少权属纠纷，确保土地整治后的产权清晰无争议。

2. 地块扩充与变更

地块扩充与变更是指根据土地利用总体规划、文物保护、生态环境保护或国家重点工程建设等要求，对规划设计进行调整的过程。地块扩充与变更通常包括地块建设位置的调整、新增耕地面积的增减以及单项工程内部调整等内容。

地块扩充与变更的类型可以分为一般变更、较大变更和重大变更。一般变更涉及地块面积不超过 200 亩，新增耕地面积减少不超过原规划设计新增耕地面积的 5%；对于面积在 200 亩到 500 亩之间的地块进行较大调整时，其新增耕地面积的缩减幅度会超过原先规划设计的 5%，但这一缩减幅度会保持在 10% 以内。重大变更则涉及更大面积和更多耕地减少的情况。

地块扩充与变更应遵循严格控制变更、严格变更审批、严禁先变更后报批的原则，确保优化、完善原规划设计，节约工程成本，提高资金使用效益，同时符合规划设计规程，不得降低工程建设标准，保证工程质量和施工工期。

3. 地块隔离

地块隔离是土地整理中用于防止土壤污染和保持生态平衡的重要措施。地块隔离技术主要包括原位阻隔覆盖和异位阻隔填埋两种方式。

原位阻隔覆盖是在污染区域四周建设阻隔层，并在顶部覆盖隔离层，将污染区域完全与周围隔离，避免污染物与人体接触和随地下水迁移。这种技术可以较为安全地隔离污染土壤，防止其对周围环境和人体健康造成危害。

异位阻隔填埋则是将污染土壤或经过治理后的土壤置于由高密度聚乙烯膜（HDPE）等防渗阻隔材料组成的填埋场内，使污染土壤与四周环境隔离。虽然该技术不能降低土壤中污染物本身的毒性和体积，但可以显著降低污染物在地表的暴露及其迁移性，防止其对周边环境造成污染。

4. 土地整理图的应用

土地整理图在土地整理过程中发挥着至关重要的作用。土地整理图可以提供准确的基础数据，帮助规划者了解现有的土地利用状况，包括土地的种类、面积、分布等。这些数据是制定合理土地整理方案的重要依据。

通过土地整理图，可以清晰地展示地块界线、权属界线、道路、沟渠、林网等要素，为土地整理项目的实施提供精确的地图和数据支持。同时，土地整理图还可以帮助预测未来的土地需求，为城乡规划提供科学依据，确保土地资源的合理配置和有效利用。

在土地整理过程中，土地整理图还可以帮助监测土地资源的变化情况，包括土地的利用效率、闲置土地的分布等。这有助于及时发现和解决土地利用中的问题，提高土地利用效率，以保障城乡规划的可持续发展。

土地整理是一项复杂而系统的工程，它要求我们在尊重自然规律的基础上，运用先进的科学技术和管理理念，对土地资源进行科学合理的规划与调整。通过土地整理图的精准指导，我们可以更加精准地实施土地整理项目，实现土地资源的优化配置与高效利用，为经济社会的可持续发展奠定坚实的基础。未来，随着技术的不断进步和政策的持续完善，土地整理将在促进乡村振兴、推动生态文明建设等方面发挥更加重要的作用。

三、水土保持技术措施

（一）确定水土流失的原因和程度

水土流失的原因复杂多样，既包括自然因素，也包括人为因素。自然因素主要包括气候、地形、植被和土壤等。例如，降水集中且强度大、地形坡度大、植被覆盖率低以及土质疏松，都是导致水土流失的重要自然因素。人为因素则主要体现在不合理的土地利用方式和开发活动上。如过度开垦、不合理的耕作制度、毁林开荒、矿产资源开发不当等，都会加剧水土流失。

要确定水土流失的原因和程度，需要进行详细的现场勘查和评估。通过收集地形地貌、土壤类型、植被覆盖、降雨量等自然条件的数据，结合水土流失的现状和潜在风险，分析水土流失的主要成因和程度，为后续措施的制定提供科学依据。

(二) 选定适宜且能够有效减少水土流失的措施和技术

根据水土流失的原因和程度，可以选定适宜的水土保持技术措施。这些措施主要分为工程措施、生物措施和蓄水保土耕作措施三大类。

1. 工程措施

工程措施主要通过修筑各类工程设施来防治水土流失。常见的工程措施包括:

第一，治坡工程。如修建梯田(水平梯田、坡式梯田、反坡梯田、隔坡梯田等)，这些梯田能够减缓坡度，增加土壤入渗，减少径流冲刷。

第二，治沟工程。包括淤地坝、拦沙坝、谷坊、沟头防护等，用于固定沟床、拦蓄泥沙，防止或减轻山洪及泥石流灾害。

第三，小型水利工程。如水池、水窖、排水系统和灌溉系统等，用于蓄水、排水和灌溉，提高水资源的利用效率。

2. 生物措施

生物措施通过增加植被覆盖率来防治水土流失。具体措施包括:

第一，造林种草。在适宜的地区植树造林、种草，增加地表植被覆盖，减少雨水对土壤的冲刷。

第二，封山育林。对水土流失严重的山区进行封山育林，禁止砍伐和放牧，让植被自然恢复。

第三，调整农林牧用地结构。在水土流失严重的地区，实行农林牧结合，注重经济林木的发展，以提高土地的生产力和生态效益。

3. 蓄水保土耕作措施

蓄水保土耕作措施通过改变坡面微小地形、增加植被覆盖或增强土壤有机质抗蚀力等方法来保土蓄水。具体措施包括：

第一，等高耕作。在坡地上沿等高线进行耕作，进而减少径流冲刷。

第二，等高带状间作。在坡地上种植带状作物，形成一定的屏障，减缓径流速度。

第三，沟垄耕作。在坡地上开沟起垄，增加土壤入渗以减少径流。

第四，少耕、免耕。减少耕作次数和强度，保持土壤结构稳定，减少水土流失。

（三）综合治理与后期管理

在实际应用中，应根据具体情况选择适当的措施组合，以达到最佳的水土保持效果。这些措施相互配合、相辅相成，共同构成了水土保持的综合治理体系。

同时，应注重后期的维护与管理。对已建成的水土保持工程进行定期检查和维护，确保工程设施的正常运行和功能的持续发挥。对损坏或老化的设施进行及时修复或更换。此外，加强水土保持的宣传和教育工作，提高公众对水土保持的认识和重视程度，鼓励当地居民积极参与水土保持工作，进而共同维护良好的生态环境。

四、地力退化土地综合整治技术

（一）不同类型区地力退化关键障碍要素识别与诊断技术

该技术方法主要针对不同类型的地力退化土地，通过实地调查、遥感解译和专家咨询等方式，识别出地力退化关键障碍要素，如土壤侵蚀、盐碱化、养分失衡等。同时，利用 GIS 技术对障碍要素进行空间分析，确定其分布范围和影响程度。这一技术方法有助于我们了解土地退化的原因，为后续的整治工作提供科学依据。

（二）退化土地障碍阻控综合整治技术

该技术方法包括工程措施、生物措施和农业措施等多个方面。首先，通过修建梯田、坡改沟等工程措施，减少土壤侵蚀；其次，利用生物改良技术，如种植耐盐植物、施用有机肥等，改善土壤盐碱化状况；最后，通过优化农业耕作模式，如轮作、间作等，提高土壤的肥力。此外，该技术方法还强调对土地利用结构的调整，如退耕还林还草、合理利用水资源等，以实现土地资源的可持续利用。

(三) 地力快速提升综合整治技术

针对不同类型区地力退化土地，该技术方法采用针对性的农业技术措施，如增施有机肥、合理施用化肥、调整种植结构等，以提高土壤肥力。同时，利用现代农业工程技术，如土壤培肥技术、土壤改良剂应用等，改善土壤的结构，以提高土壤保水保肥能力。此外，该技术方法还注重对土地利用方式的创新，如发展生态农业、精准农业等，以提高土地生产力和可持续性。

在实施上述技术方法时，我们需要注意以下几点：首先，制定科学的整治方案，确保针对不同类型区地力退化问题采取适宜的整治措施；其次，合理利用工程技术手段，避免过度干预导致新的土地问题；再次，加强监测与评估，确保整治效果可持续；最后，加强政策引导和资金支持，确保整治工作得以顺利实施。

地力退化土地综合整治技术是解决地力退化问题的重要手段，通过识别和诊断关键障碍要素、阻控障碍因素以及提升地力等措施，可以有效改善土地利用状况，提高土地生产力，优化土地资源配置。在实际工作中，我们需要根据具体情况选择适宜的整治措施，加强监测与评估以确保整治效果可持续。同时，我们也需要加强政策引导和资金支持，为整治工作提供有力保障。

五、城镇低效用地综合整治技术

(一) 城镇低效用地混合利用综合整治技术

城镇低效用地混合利用综合整治技术主要针对城市中存在的大量低效混合用途土地。通过对其功能布局、建筑结构、基础设施等方面的改造，提高土地利用效率，以实现土地价值的最大化。具体实施方法包括：

第一，调整功能布局。对土地进行功能分区，将不同用途的土地进行整合，提高土地利用的多元化程度。

第二，建筑结构改造。对建筑结构进行优化，采用新型建筑材料和技术，提高建筑的抗震、节能、环保等性能。

第三，基础设施升级。完善基础设施，包括道路、给排水、电力、通信等，提高土地的使用品质。

（二）城镇低效用地空间立体利用综合整治技术

随着城市空间的日益紧张，城镇低效用地空间立体利用综合整治技术应运而生。该技术充分利用土地的空间资源，通过建筑物的垂直利用提高土地的利用效率。具体实施方法包括：

第一，立体开发。对建筑物进行分层开发，增加土地的附加值。

第二，地下空间利用。开发地下空间，如停车场、仓储、商业设施等，缓解地面交通压力。

第三，空中走廊。建设空中连廊，连接不同的地块和建筑物，提高土地的连通性。

（三）时空结合循环用地的综合节地技术

时空结合循环用地的综合节地技术是一种新型的土地整治技术，它强调在时间上和空间上合理利用土地。具体实施方法包括：

第一，土地流转与再开发。通过土地流转，将分散的土地集中起来，进行统一规划和开发。

第二，生态修复与保护。在土地整治过程中，注重生态修复和保护，确保土地资源的可持续利用。

第三，循环利用。对废弃的土地和建筑物进行循环利用，如建设公园、绿地、文化设施等，实现土地资源的最大化利用。

六、资源约束下的高标准农田建设技术

（一）精细化规划与工程设计技术

在资源约束下，精细化规划与工程设计技术是实现高标准农田建设的

首要步骤。该技术主要通过对农田进行精细化的规划设计，以提高土地利用效率，优化农业生产布局。具体实施过程包括：①详细的地质勘察，以了解土地状况和环境条件；②依据地域特色进行合理的农业生产布局；③结合气候、土壤等自然因素，制定科学合理的种植结构。通过这一技术，我们可以更好地利用有限的土地资源，实现土地的最大生产效益。

（二）新材料与工程施工技术

新材料与工程施工技术是实现高标准农田建设的另一关键技术。这一技术主要通过使用新型的土壤改良材料和先进的施工设备，提高土地的肥力，优化农田水利设施，从而提高农作物的产量和质量。新型的土壤改良材料包括有机肥料、生物菌肥等，它们能够改善土壤结构，提高土壤的透气性和保水性。先进的施工设备则可以加快施工进度，提高工程质量。通过这一技术可以有效地提高土地的生产力，为农业可持续发展提供强有力的技术支持。

（三）监测与保育工程技术

监测与保育工程技术是实现高标准农田长期稳定生产的关键。这一技术主要通过定期的监测和科学的保育措施，维持农田的生产力，防止土地退化。具体实施过程包括：①建立完善的农田监测系统，实时掌握农田环境的变化；②依据监测数据，制定科学的保育措施，如合理灌溉、科学施肥、防治病虫害等；③定期对农田进行修复和保养，以确保土地资源的可持续利用。通过这一技术可以实现高标准农田的长期稳定生产，保障农业生产的持续性和稳定性。

七、重金属污染耕地治理修复技术

（一）大比例尺重金属污染土地快速调查技术

大比例尺重金属污染土地快速调查技术是一种高效、便捷的调查方法，能够快速准确地确定土壤重金属污染的范围和程度。该方法主要包括地面调查和航空遥感两种手段。地面调查包括现场采样、实验室检测和分析，能够获得详细的土壤重金属分布和含量数据；航空遥感则通过卫星图像解译，快速确定土壤污染的范围和程度。通过将两种手段有机结合，能够迅速获得大比例尺的重金属污染土地信息，为后续的治理修复工作提供依据。

(二) 重金属污染土地安全利用评价技术

重金属污染土地安全利用评价技术是通过对土壤重金属含量的监测和分析，评估土地利用的安全性。该技术主要采用生物标志物、农艺产量、作物品质等指标，结合实地考察和专家经验，对土地利用的安全性进行综合评价。通过该技术，能够科学地指导农业生产，避免因重金属污染而导致的农产品质量下降和食品安全问题。

(三) 多目标重金属污染耕地综合治理修复技术

多目标重金属污染耕地综合治理修复技术是一种综合性强的技术方法，能够针对不同污染程度和类型的耕地采取相应的治理修复措施。该技术主要包括物理—化学修复、生物修复和农业管理措施等手段。物理—化学修复包括换土、深耕翻土、淋洗修复等技术，能够去除土壤中的重金属；生物修复则利用植物、微生物等生物体来降解重金属，同时还能提高土壤肥力；农业管理措施则包括改变种植结构、增施有机肥、减少化肥使用等，能够有效降低土壤中重金属的活性。通过综合运用这些手段，能够实现对重金属污染耕地的全面治理修复，提高土地资源的可持续利用能力。

八、盐碱土地综合治理技术

(一) 以暗管改碱为核心的现代工程技术

以暗管改碱为核心的现代工程技术是一种利用地下暗管来排除土壤中的多余盐分，从而降低土壤盐分浓度的技术。这种技术主要适用于盐碱化程度较低的土壤。通过铺设地下暗管，将土壤中的盐分引导到田间的排水沟中，再通过排水系统排出田外，从而达到降低土壤盐分的目的。这种技术的优点在于操作简单，成本较低，而且对土壤的破坏较小。但是，如果盐碱化程度较高，这种方法可能无法完全解决问题。

（二）以新型结构体材料为核心的化学治理技术

以新型结构体材料为核心的化学治理技术是一种利用新型结构体材料来改良盐碱地的技术。这些新型结构体材料通常具有较好的吸附和离子交换性能，能够有效地吸附土壤中的盐分，从而降低土壤盐分浓度。此外，这些新型结构体材料还能够促进土壤中有机物的分解，提高土壤的肥力，促进作物的生长。这种技术的优点在于效果明显，见效快，但是需要大量的资金投入，而且可能会对环境造成一定的污染。

（三）以生物治理为核心的生物工程治理技术

以生物治理为核心的生物工程治理技术是一种利用微生物、植物和动物等生物资源来改良盐碱地的技术。这种方法主要通过引入能够耐受高盐分的微生物或者植物种子，或者利用生物过滤技术来降低土壤中的盐分。此外，还可以通过引入蚯蚓等动物来疏松土壤，改善土壤结构。这种方法不仅可以降低土壤中的盐分，还能够提高土壤肥力，以促进作物的生长。但是，这种方法需要较长的时间才能看到明显的效果，而且需要一定的技术支持和资金投入。

九、土壤污染修复技术

（一）向绿色的土壤生物修复技术发展

绿色土壤生物修复技术是一种利用土壤中的微生物、植物等自然生态系统的自我修复能力来治理土壤污染的方法。这种方法的优点在于其自然、环保，且成本较低。在实际应用中，可以通过种植特定的植物，如紫花苜蓿、大豆等，来吸收土壤中的有害物质，同时通过微生物的分解作用，将污染物转化为无害物质。

（二）利用太阳能和自然植物资源的植物修复

利用太阳能和自然植物资源的植物修复方法是一种结合了太阳能和植物吸收污染物的优点的新型技术。这种技术主要是通过种植可以吸收和转化污染物的植物，如黑麦草、烟草等，利用植物根部吸收土壤中的有害物质，再通过蒸腾作用将污染物转移到植物体内，最终通过燃烧或提取植物体内的污染物来达到治理污染的目的。

（三）利用土壤中高效专性微生物资源的微生物修复

高效专性微生物资源在土壤污染治理中具有重要作用。它们能够分解和转化各种有害物质，将其转化为无害物质，从而消除污染。在实际应用中，可以通过向污染土壤中引入高效专性微生物，如某些分解有机物的细菌或真菌，来分解和转化污染物。此外，也可以通过人工培养这些微生物，提高其分解效率，从而达到更好的治理效果。

这几种土壤污染修复技术各有其优点和适用范围。在实际应用中，应根据具体情况选择最适合的技术方法。同时，我们也应该注意对技术的持续研究和改进，以应对不断变化的环境污染。

上述技术方法为土地整治提供了科学依据和技术支持，有助于提高土地利用效率，恢复生态系统功能，进而改善环境质量。

第六章　基于土地生态修复的矿山生态修复探究

第一节　矿山生态修复的概念与目标

一、矿山生态修复的概念

(一) 矿山生态修复的定义

矿山生态修复是指对由于矿产资源的开采而破坏的矿山环境进行修复，包括对土地、水体、大气和生物多样性的修复，以达到恢复和保持生态平衡，促进资源、环境与社会的可持续发展。矿山生态修复是一项复杂而重要的工作，涉及矿山环境的科学评估、有效的工程实施、后期维护管理以及社会经济文化因素的考量。

(二) 矿山生态修复的类型

矿山生态修复的类型主要包括以下几种：

1. 废石堆积地

废石堆积地是由剥离表土、开采的岩石碎块和低品位矿石堆积而成的。这些废石中含有大量的有害物质，如重金属、放射性物质等，会对土壤和地下水造成严重的污染。因此，对废石堆积地的修复需要先进行废石的清理和固化处理，然后再进行土壤和地下水的修复。

2. 采空区和塌陷区形成的采矿废弃地

矿体采完后留下的采空区和塌陷区形成的采矿废弃地是矿山开采过程中最常见的废弃地之一。这些废弃地需要进行充填和复垦，以恢复土地的生态功能。充填是采用合适的材料对采空区和塌陷区进行填充，以防止地面塌陷和滑坡等灾害的发生。复垦则是将复垦后的土地用于农业、林业或其他生态用途。

3. 尾矿堆积形成的尾矿废弃地

开采矿石经选出精矿后产生的尾矿堆积形成的尾矿废弃地对环境的危害也是非常严重的。因此，对尾矿废弃地的修复也是矿山生态修复的重要内容之一。尾矿的修复需要先进行尾矿的清理和固化处理，再进行土壤和地下水的修复。同时，还需要对尾矿库进行安全评估和管理，防止二次污染的发生。

4. 先占用后废弃的土地

采矿作业面、机械设施、矿石辅助建筑和道路交通等先占用后废弃的土地也是矿山生态修复的重要内容之一。这些土地需要进行复垦和利用，以恢复其生态功能。复垦的方式包括土地平整、土壤改良、植被恢复等。同时，还需要对这些土地进行管理和维护，以保证其生态功能的正常发挥。

二、矿山生态修复的目标

(一) 恢复生态系统功能

矿山生态修复的主要目标之一是实现生态系统的恢复，包括恢复土壤质量、提高水体质量以及重建受损植被。这一目标的实现需要多方面的努力。首先，在开采过程中，需要对矿山进行科学的规划和管理，避免对环境的过度破坏。其次，修复过程中需要采用合适的生物和工程技术，以促进土壤质量的恢复和植被的再生。此外，提高水体质量也是生态系统恢复的重要组成部分，可以通过改善水质、增加水体流动性等方式来实现。

这一目标的实现旨在逐步恢复生态系统的原始功能，维持其稳定性和生态服务功能。生态系统的稳定性对于生物多样性的维护和生态服务功能的保障具有重要意义。通过矿山生态修复，我们可以逐步恢复生态系统的平衡，提高其自我修复和自我调节的能力，从而为生物多样性提供良好的生态环境。

(二) 促进社会经济可持续发展

矿山生态修复追求社会经济的可持续发展，通过恢复生态系统功能，修复工作为当地社会提供了可持续的发展前景。

首先，矿山生态修复需要大量的专业人员和技术支持，这为相关行业的发展提供了机会，创造了大量的就业岗位。矿山生态修复不仅需要环保工程师、地质学家等专业人士，还需要采矿、土壤科学、植物学等领域的专家。这些专业人员和技术支持的需求催生了一系列相关行业的发展，如环保设备制造、土壤改良、植被恢复等。这些行业的发展不仅为相关人员提供了就业机会，也为社会经济发展注入了新的活力。

其次，矿山生态修复后的矿山可以为当地提供水资源和食品等重要的生态系统服务。矿山生态修复不仅可以恢复矿山的自然生态系统，提高其生态功能，还能为当地居民提供清洁的水源和食物。这对于提高人民的生活水平具有重要意义。此外，恢复后的矿山还可以为旅游、休闲等产业提供新的发展机会，进一步推动地方经济的发展。

最后，矿山生态修复不仅有助于改善环境问题，还可以为相关产业提供转型的机会，推动绿色经济的发展。随着环保意识的提高，许多传统高污染、高能耗的产业正在寻求转型，寻求绿色、低碳的发展路径。矿山生态修复为这些产业提供了新的发展思路和方向，进而推动绿色经济的发展。这不仅可以减少环境污染，还可以促进经济的可持续发展。

(三) 提升生态系统质量和碳汇能力

矿山生态修复的首要目标之一是提升生态系统质量和碳汇能力。这涉及对历史遗留废弃矿山的生态修复治理。中央财政将支持对生态安全具有重要保障作用、生态受益范围较广的重点区域进行生态修复。通过科学合理的治理措施，恢复矿山的生态功能，提高生态系统的质量和稳定性，进而增强其碳汇能力。

(四) 实现修复后生态系统的自我维持能力

在新形势下，矿山生态修复的目标还包括实现修复后生态系统的自我维持能力。这意味着修复后的生态系统能够自我维持其结构和功能的稳定，避免再次受到破坏。为了实现这一目标，需要采取一系列的生态恢复措施，如植被恢复、土壤改良、水文调控等，以增强生态系统的自我维持能力。

（五）正向演替达到新的生态平衡

矿山生态修复的另一个重要目标是正向演替达到新的生态平衡。这意味着在修复过程中，生态系统将经历一个从无序到有序、从简单到复杂的过程，最终达到一个稳定的、健康的、具有较高生产力和生态服务功能的生态系统。为了实现这一目标，需要采取一系列的生物多样性保护和生态系统管理措施，以促进生态系统的正向演替，并最终达到新的生态平衡。

（六）推动节能低碳、绿色发展

随着人类对环境保护意识的提高，矿山生态修复已成为一个日益重要的议题。在这个过程中，节能低碳、绿色发展是关键目标，我们需要在矿山生态修复中贯彻减排增汇的理念，采用先进的生态修复技术，以实现绿色发展。

首先，节能低碳是矿山生态修复的核心目标。矿山开采过程中会产生大量的碳排放，这对全球气候变化构成威胁。因此，我们必须将减排作为矿山生态修复的首要任务。通过采用先进的生态修复技术，如地质地貌、土壤基质改良等，我们可以显著降低矿山开采过程中的碳排放。此外，我们还可以通过植被和微生物修复等技术，提高土壤的碳吸收能力，从而实现增汇的效果。

其次，绿色发展是矿山生态修复的另一重要目标。传统的矿山开采方式对环境造成了巨大的破坏，而绿色发展要求我们采用环保的开采和修复技术。在矿山生态修复过程中，我们需要充分利用自然的力量，尽可能地减少人工干预，以降低对环境的二次伤害。通过采用先进的生态修复技术如植被恢复、土壤微生物群落的重建等，我们可以实现矿山的绿色发展，使其成为可持续的生态环境。

（七）加强矿山废气、废水以及固体废物资源化利用

矿山废气、废水以及固体废物的资源化利用是矿山生态修复的重要组成部分。通过提高矿山资产综合利用率，我们可以将废弃物转化为有价值的资源，减少对环境的污染。具体而言，我们可以采用以下措施：

1. 废气治理

矿山废气的治理是矿山生态修复的首要任务。我们需要对矿山废气进行全面的收集和处理，采用先进的净化技术，以减少废气的排放，降低对大气环境的污染。这包括但不限于对粉尘、二氧化硫、氮氧化物等有害气体的处理。通过这些措施可以还矿山以清新空气，守护我们的蓝天白云。

2. 废水处理

矿山废水同样需要得到有效的处理和回收利用。通过分类处理和回收利用，我们可以减少对水资源的浪费，提高水资源利用效率。这包括对酸性废水、碱性废水以及生活污水的处理，以及对矿井水的再利用。这样既节约了宝贵的水资源，又降低了企业的运营成本，实现了环境与经济的双赢。

3. 固体废物资源化

对于矿山固体废物，我们需要进行分类、分选和处理，将其转化为有价值的资源，如建筑材料、肥料等，减少对环境的压力。这一过程需要引进先进的分选技术和处理设备，提高固体废物的利用率。同时，我们也需要引导和鼓励企业采用绿色生产方式，减少固体废物的产生。这样，固体废物不仅可以转化为资源，还能降低对环境的负担，实现绿色矿山的目标。

(八) 恢复矿山生态系统固碳增汇功能

矿山生态系统的固碳增汇功能是矿山生态修复的重要目标之一。通过生态修复技术的实施，我们可以恢复矿山生态系统的固碳增汇功能，从而降低矿山的碳足迹。具体而言，我们可以采取以下措施:

1. 植被恢复

在矿山生态修复过程中，注重植被的恢复是至关重要的。选择适合当地环境的植物种类是关键，这样可以确保植被能够快速生长并提高覆盖率。植被覆盖率的提高不仅可以美化环境，还可以通过光合作用吸收二氧化碳，从而增加生态系统中的碳储存量。此外，植被还能防止土壤侵蚀，保护土壤结构，进一步减少水土流失和碳的流失。

2. 土壤基质改良

土壤基质的质量对植被生长和生态系统中的碳储存量具有重要影响。通过改善土壤基质的质量，如增加有机物质的含量，可以促进植被的生长，进而增加碳储存量。此外，科学的施肥方法，如使用有机肥料和适当使用化肥，也是提高土壤肥力的重要手段。这些措施将有助于改善土壤结构，提高土壤的透气性和保水性，从而为植被提供更好的生长环境。

3. 微生物修复

微生物在生态系统中发挥着重要的作用，它们能够分解有机物质，吸收二氧化碳并转化为有机物质。利用微生物的特殊功能，可以对矿山生态系统进行修复，提高其固碳增汇能力。通过引入有益微生物，可以促进土壤中的有机物质的分解和循环，从而增加碳储存量。此外，还可以通过生物技术手段，如种植特定的植物物种，吸引特定的微生物群体，以实现更有效的生态修复。

恢复矿山生态系统的固碳增汇功能是矿山生态修复的重要目标之一。通过植被恢复、土壤基质改良和微生物修复等手段，我们可以有效地提高矿山的碳储存量，增强其固碳增汇能力。这些措施不仅可以保护生态环境，还可以为经济发展提供可持续的动力。

第二节　矿山生态修复的必要性与紧迫性

一、矿山生态修复的必要性

（一）环境保护和生态平衡

矿山生态修复有助于减轻矿山活动对环境的不利影响，如水质污染和土壤侵蚀。矿山开采过程中，大量废石、尾矿的堆放占据了大量的土地，这些土地往往被污染，对周边水源造成严重的影响。同时，采矿过程中产生的废水往往含有重金属和有毒物质，如果未经处理直接排放，会对土壤和水质造成严重污染。矿山生态修复通过去除或转化这些有害物质，可以大大减轻其对环境的影响。

此外，矿山生态修复也有助于保护自然环境、维护水体和土壤质量。经过生态修复的矿山，土壤质量得到提高，有利于农作物的生长，同时也为野生动物的栖息提供了良好的环境。

（二）恢复生态系统功能

矿山生态修复工程有助于生态系统逐步恢复其原始功能，维持其稳定性与生态服务功能。矿山开采破坏了原有的生态系统，使得原本可以提供水资源净化、气候调节和生物多样性维护等功能的生态系统失去了作用。通过矿山生态修复，可以逐步恢复这些功能，使生态系统重新焕发生机。

此外，矿山生态修复还有助于提高矿山的经济效益。经过生态修复的矿山不仅可以吸引更多的投资，还可以提高土地利用价值，带来更多的经济收益。

（三）促进社会经济可持续发展

矿山生态修复工作不仅有助于恢复生态系统的健康，同时也创造了就业机会，提供了可持续的资源利用方式，并支持当地社会的发展。修复工作需要专业的技术人员和大量的劳动力投入，这为当地居民提供了就业机会，增加了他们的收入，提高了生活水平。同时，生态修复后的土地可以用于可持续的资源利用，如农业、畜牧业等，这不仅提高了资源的利用效率，也有助于当地经济的可持续发展。

（四）提高土地使用率

矿山环境生态修复可以恢复和增加粮食基地和农作物生产资源，提高土地的使用率。在矿山生态修复之前，由于环境的破坏，原有的土地资源可能被浪费或无法被有效利用。生态修复后，这些土地资源可以重新得到利用，增加农作物的产量，提高农民的收入。这对于提高土地使用率，满足日益增长的粮食需求，以及促进社会的稳定与和谐都具有重要的意义。

（五）推动环保与生态文明建设

矿山生态修复也是环保与生态文明建设的重要组成部分。通过生态修复，我们可以保护和恢复生态环境，为未来的发展创造一个更健康、更可持续的环境。这不仅有助于提高人民的生活质量，也有利于推动我国的环保事业和生态文明建设。

(六) 改善矿区居民生活质量

矿山开采过程中废弃的渣土、碎石和粉尘含有大量有害有毒物质，这些物质对矿区居民的生产生活环境造成了严重影响。通过修复治理，可以有效地改善矿区人们的生产生活环境，提高他们的生活质量。

首先，修复后的矿山环境将变得更加宜居，矿区居民的生活质量将得到显著提高。他们可以在更健康、更安全的环境中生活和工作，这将极大地提高他们的幸福感和满意度。

其次，修复后的矿山将为当地居民提供更多的就业机会。这不仅可以增加他们的收入，还能增强他们对家乡的归属感和自豪感。

(七) 适应社会主义生态文明建设

实施废弃矿山生态修复工程，是适应社会主义生态文明建设的必然要求。矿山生态修复不仅是一项重要的环保工程，也是一项具有重大社会意义的工程。

废弃矿山生态修复是遵循自然规律，破解矿区生态环境保护修复难题的重要举措。随着生态文明建设的不断推进，保护环境、恢复生态已成为全社会共同的责任和义务。矿山生态修复是落实这一战略的重要途径，有助于推动社会主义生态文明建设的发展。

此外，矿山生态修复还可以促进地方经济的发展。通过引入生态旅游、绿色产业等新兴业态，废弃矿山将焕发新的生机和活力，为当地创造更多的就业机会和经济效益。

(八) 推动矿业绿色发展

矿山生态修复是推动矿业绿色发展的重要途径。通过生态修复可以降低矿业对环境的破坏程度，减少对自然资源的过度开采，促进矿业与环境的和谐发展。同时，矿山生态修复还可以提高矿业企业的社会责任感，促进其向绿色、低碳、环保的方向发展。

二、矿山生态修复的紧迫性

(一) 国家生态文明建设的需求

生态文明建设是我国现代化建设的重要一环，而矿山生态修复是其中不可或缺的一部分。在这样一个大背景下，矿山生态修复的任务更加紧迫和重要。只有通过有效的生态修复，我们才能保护我们的自然资源，维护生态平衡。

(二) 解决矿区突出的生态问题

我国是矿产资源开发大国，但同时也面临着矿山生态问题突出的挑战。矿山生态修复的相关概念名词多样，但内涵具有趋同性，绿色发展是硬道理。通过有效的矿山生态修复，我们可以减少矿山对环境的破坏，恢复矿区的生态平衡，提高矿区的生产效益，同时也为当地居民创造一个更好的生活环境。

(三) 监管机制的完善和实施

矿山生态损毁与修复的监管有相应的条例、规定要求，但并没有很好地落地实施。这需要我们加强监管机制的完善和实施，确保相关规定得到严格执行，让矿山生态修复真正落到实处。

(四) 科学修复理念的树立

部分管理者和施工者对矿山生态修复工程的科学性认识不清，导致生态修复工程失败。因此，我们需要从科学修复的角度树立正确的修复理念。首先，我们需要深入了解矿山生态修复的原理和方法，掌握相关的科学知识和技术。其次，我们需要根据矿山的实际情况，制定科学的修复方案，确保修复工程的科学性和可行性。最后，我们需要加强对修复工程的管理和监督，确保工程按照科学的方法和标准进行。

(五) 新生态修复技术的推广应用

新的生态修复技术由于存在思想认识、经济成本和政策支持等方面问题，应用推广有一定难度。因此，我们需要重点完善和推广边开采边修复技术及配套政策。首先，我们需要加强对新生态修复技术的研发和推广，提高技术的成熟度和可靠性。其次，我们需要加强对新技术的应用指导和培训，提高应用者的技术水平和操作能力。最后，我们需要完善相关的政策法规和激励机制，为新技术的应用提供有力的政策支持和经济保障。

（六）政治责任和生态责任的担当

各级各部门要充分认识矿山生态修复工作的重要性、紧迫性，算清政治账、生态账和经济账。矿山生态修复不仅是企业的责任，也是各级政府和部门的政治责任和生态责任。只有充分认识到这一点，才能真正重视矿山生态修复工作，才能真正采取有效的措施，推动矿山生态修复工作的顺利进行。

（七）维护生态安全和资源安全

矿山生态修复是维护生态安全和资源安全的重要措施。矿产资源的开采利用在促进经济发展的同时，也可能导致生态环境破坏。如果这些问题得不到及时解决，将会威胁到我国的生态安全和资源安全。

首先，矿山生态破坏会导致土地资源的损失，这不仅会影响农业生产的进行，也会导致大量的土地荒漠化。其次，矿山的排水可能导致水源污染，进而影响到人类健康和生活质量。此外，矿山废弃物的堆积也会占用大量的土地，影响土地资源的合理利用。

（八）推动矿业绿色发展

矿山生态修复是推动矿业绿色发展的重要手段。矿业活动不仅会对环境造成破坏，也会对经济造成损失。通过矿山生态修复可以减少环境污染，实现矿业活动的可持续发展。

同时，矿山生态修复也是实现资源可持续利用的重要途径。通过科学合理的矿山生态修复技术，我们可以恢复被破坏的土地和水源，提高土地资源的利用效率，从而实现资源的可持续利用。

(九) 应对全球气候变化和环境退化

在全球气候变化和环境退化的背景下，矿山生态修复领域将更加强调多功能性、气候变化适应、生态系统服务市场的发展、技术创新和国际合作。这不仅是应对环境问题的必要手段，也是矿业企业实现绿色转型、提高竞争力的关键途径。

技术创新是矿山生态修复的关键。通过引进和应用先进的修复技术，如生物修复、土壤改良等，我们可以提高矿山生态修复的效果和效率，降低成本，提高企业的竞争力。同时，国际合作也是矿山生态修复的重要方向。通过与国际矿业企业和研究机构的合作，我们可以共享技术、经验和资源，共同应对全球环境问题。

三、矿山生态修复措施

(一) 边坡的治理措施

边坡治理的主要工作就是要稳定边坡。该过程的任务是清除危石、降坡削坡，将未形成台阶的悬崖尽量构成水平台阶，把边坡的坡度降到安全角度以下，以消除崩塌隐患。之后就要对已经处理的边坡进行复绿，使其进一步保持稳定。

(二) 尾矿的治理措施

对占用大量土地的尾矿进行二次开发，加大尾矿的综合利用率；开发用量大、投资少、有销路的尾矿，以实现规模经营和多品种开发的资源化、商品化，使其变废为宝，真正成为经济商品中的一部分。还要对尾矿坝中的废水进行处理以达到国家标准，实现浮选废水适度净化后全部回用和零排放。对于未处理的采空区、废旧巷道和硐室的矿山，利用井下采空区排放尾矿是一种处置尾矿行之有效的办法。

(三) 土壤基层改良

矿山开采造成生态破坏的关键是土地退化，也就是土壤因子的改变，即废弃地土壤理化性质变坏、养分丢失及土壤中有毒有害物质的增加。因此，土壤改良是矿山废弃地生态恢复最重要的环节之一。可以采取的措施包括：

1. 异地取土措施

在不破坏异地土壤的前提下，取适量土壤，移至矿山受损严重的部位，在土壤上种植植物，通过植物的吸收、挥发、根滤、降解、稳定等作用对受损土壤进行修复。

2. 废弃地改造措施

进行表土改造之前，设法灌注泥浆，使其包裹废渣，然后再铺一层黏土压实，造成一个人工隔水层，减少地面水下渗，防止废渣中剧毒元素的释放。

3. 土壤增肥改良措施

添加有效物质，使土壤的物理化学性质得到改良，从而缩短植被演替过程，加快矿山废弃地的生态重建。

(四) 矿山重金属污染的植物修复

重金属耐性植物不仅能耐重金属毒性，还可以适应废弃地的极端贫瘠、土壤结构不良等恶劣环境，部分耐性植物还能富集高浓度的重金属，因而被广泛地用于重金属污染土地的修复。考虑到引种可能会带来的生态问题，且乡土植物对当地气候条件的适应性，立足本地筛选重金属耐性植物十分必要。

(五) 矿山水资源的修复

矿山开采中对水的损害分别体现在对地表水和地下水的影响。地表水、地下水的污染可以通过构筑人工湿地，通过耐受植物、微生物的作用对污染物进行去除。还有一方面就是由于过度采水造成的地表水缺乏、地下水水位下降，这就需要通过适当引水，缓解水缺乏压力，构建蓄水系统，逐步解决这一问题。

(六) 微生物修复措施

矿山废弃地的生态恢复只是土壤、植被的恢复是不够的，还需要恢复废弃地的微生物群落。完善生态系统的功能，才能使恢复后的废弃地生态系统得以自然维持。微生物群落的恢复不仅要恢复该地区原有的群落，还要接种其他微生物，以除去或减少污染物。微生物的接种可考虑以下两种：一是抗污染的菌种，这些细菌有的能把污染物质作为自己的营养物质，把污染物质分解成无污染物质，或者是把高毒物质转化为低毒物质；二是利于植物吸收营养物质的微生物，有些微生物不但能在高污染条件下生存，而且能为植物的生长提供营养物质，比如说固氮、固磷，改善微环境。我国矿山的生态环境破坏比较复杂，要从根本上遏制矿山生态环境进一步恶化，就需要根据我国生态环境建设的实际情况，建立各方面参与的多渠道投入机制，才能推动矿山生态环境恢复治理的开展，防止增加新的污染和破坏，逐步恢复矿山生态环境的良好状态。

参考文献

[1] 张园玉，薛凯竟．基于“一张底图”的市域国土空间治理平台设计与实现 [J]. 地理空间信息，2024，22(12)：11-15，132.

[2] 冯翰林，林宇渊，杨厚邦，等．国土空间规划环境影响评价的理论方法和应用 [J]. 环境工程技术学报，2024(12)：1-11.

[3] 谷志强，张清波．国土空间规划视角下乡村规划存在的问题及优化策略 [J]. 农村科学实验，2024(24)：57-59.

[4] 张薇．国土空间规划体系下的详细规划技术改革思路 [J]. 智能建筑与智慧城市，2024(12)：40-42.

[5] 郑筱津，郝庆，旷薇，等．国土空间规划监测评估预警体系的关键问题与优化策略 [J]. 自然资源学报，2024，39(12)：2869-2880.

[6] 张鸿辉，钟镇涛，杨丽娅，等．国土空间规划实施监测网络（CSPON）算法模型体系构建及应用 [J]. 自然资源学报，2024，39(12)：2853-2868.

[7] 谷玮，吴次芳，徐忠国，等．规划堕距与规划悖论：一个理解国土空间规划的新视角 [J]. 自然资源学报，2024，39(12)：2881-2896.

[8] 廖保浈，李光霞．空间规划体系下城乡历史遗产保护策略研究 [J]. 山西建筑，2025，51(1)：18-22.

[9] 赵宏．国土空间规划视角下乡村振兴规划编制策略探究 [J]. 华北自然资源，2024(6)：158-160.

[10] 薄立明，赵浪，尹力，等．国土空间规划背景下黄河流域水生态空间格局演变特征及其影响因素 [J]. 水土保持研究，2025，32 (2)：178-190.

[11] 姜昀，王文燕．生态环境分区管控与国土空间规划关系研究 [J]. 环境工程技术学报，2024(12)：1-6.

[12] 赵汉兵 . 国土空间规划中的区域协调发展模式 [J]. 石河子科技，2024(6)：71-73.
[13] 李星好 . 国土空间规划背景下建构乡村规划体系的思考分析 [J]. 城市建设理论研究（电子版），2024(34)：28-30.
[14] 冯铎，张守利，刘海涛 . 市县国土空间总体规划编制中需把握的几对关系 [J]. 新型城镇化，2024(12)：73-76.
[15] 吴志强，郭仁忠，张兵，等 . “国家空间规划系统化建构”学术笔谈 [J]. 城市规划学刊，2024(5)：1-11.
[16] 邹承辉 . 基于国土空间规划的交通规划分析 [J]. 低碳世界，2024，14(11)：153-155.
[17] 孔秀格 . 基于国土空间规划的多源异构数据整合 [J]. 内江科技，2024，45(11)：20-21+33.
[18] 韩彦明 . 国土空间规划中综合整治与生态修复路径探析 [J]. 城市建筑空间，2024，31(11)：77-79.
[19] 江波，徐荣均 . 乡镇级国土空间总体规划存在的问题及解决思路探析 [J]. 中国资源综合利用，2024，42(11)：70-72.
[20] 刘静，李雄文，蔡乐，等 . 城市国土空间监测领域的发展与创新研究——以湖南省为例 [J]. 科技创新与应用，2024，14 (33)：68-70，75.
[21] 马天峥，安正 . “双碳”目标下国土空间规划的重点内容及优化策略 [J]. 城市建筑，2024，21(22)：97-100.
[22] 李蔚 . 国土空间规划体系下的村庄规划设计与全域土地综合整治策略 [J]. 新农民，2024(33)：29-31.
[23] 许琛 . 国土空间详细规划单元划分的关键问题与对策分析 [J]. 安徽建筑，2024，31(11)：44-45，62.
[24] 苏鹤放，顾朝林，曹根榕 . 国土空间规划中农业空间用地分类体系研究 [J]. 自然资源学报，2024，39(11)：2570-2587.
[25] 邱海帆 . 信息化背景下智慧国土空间规划思路分析 [J]. 智能建筑与智慧城市，2024(11)：59-61.
[26] 王岩 . 国土空间规划背景下的村庄空间布局分析 [J]. 智能建筑与智

慧城市，2024(11)：65-67.
[27] 苗晨卉 . 国土空间规划背景下韧性城市建设研究 [J]. 智能建筑与智慧城市，2024(11)：36-38.
[28] 张瑶瑶，鲍海君，余振国 . 国外生态修复研究进展评述 [J]. 中国土地科学，2020，34(7)：106-114.
[29] 裴小龙，田野，袁士松，等 . 面向国土空间规划的地表基质分层分类调查监测研究 [J]. 地质论评，2024，70(6)：2270-2280.
[30] 张杏姗 . 基于国土空间规划的实用性村庄规划探究 [J]. 农村实用技术，2024(11)：3-4.
[31] 朱思武，严圣华，陈俊杰，等 . 国土空间规划中开发强度管控实证分析与动态优化研究 [J]. 山西建筑，2024，50(23)：46-49.
[32] 邢志宏 . 国土空间规划立法重在实施 [N]. 经济日报，2024-11-02(005).
[33] 戴林琳，王昕怡，刘赟，等 . 国土空间生态修复规划编制思路与技术路径 [J]. 规划师，2024，40(11)：9-16.
[34] 牛帅，胡业翠，王清华，等 . 国土空间规划实施监测评估：理论内涵认知与指标体系构建 [J]. 规划师，2024，40(11)：71-77.
[35] 解芳芳，罗方焓，刘昭，等 . 国土空间规划视角下村庄分类技术方法与规划指引——以南宁市为例 [J]. 西部人居环境学刊，2024，39(5)：139-144.
[36] 黄洲芳 . 国土空间规划与土地集约节约利用的关系研究 [J]. 住宅与房地产，2024(30)：65-67.
[37] 尚红刚 . 国土空间总体规划下城市收缩与再生过程中的空间结构调整 [J]. 住宅与房地产，2024(30)：68-70.
[38] 商庆凯，张亭 . 乡镇级国土空间规划的空间用地布局优化策略 [J]. 住宅与房地产，2024(30)：71-73.
[39] 卢艳艳 . 城镇化道路建设中土地生态修复措施分析 [J]. 皮革制作与环保科技，2024，5(11)：152-154.
[40] 王军，杨崇曜 . 土地生态保护修复的现状与思考 [J]. 中国土地，2022(10)：25-28.

[41] 谭纵波 . 城市规划 [M]. 北京：清华大学出版社，2005.
[42] 文贯中 . 吾民无地：城市化、土地制度与户籍制度的内在逻辑 [M]. 北京：东方出版社，2014.
[43] 刘诗白 . 政治经济学 [M]. 成都：西南财经大学出版社，2018.
[44] 李昊，常鹏翱，叶金强，等 . 不动产登记程序的制度建构 [M]. 北京：北京大学出版社，2005.
[45] 苏永钦 . 民法物权争议问题研究 [M]. 北京：清华大学出版社，2004.
[46] 程啸 . 不动产登记法研究 [M]. 北京：法律出版社，2011.
[47] 陈灵海，柴松霞，冯引如，等 . 中世纪欧洲世俗法 [M]. 北京：商务印书馆，2014.
[48] 史尚宽 . 物权法论 [M]. 苏州：荣泰印书馆，1979.
[49] 黑格尔 . 法哲学原理 [M]. 范扬，张企泰，译 . 北京：商务印书馆，2007.
[50] 鲍尔，施蒂尔纳 . 德国物权法（上册）[M]. 张双根，译 . 北京：法律出版社，2004.
[51] 维亚克尔 . 近代私法史——以德意志的发展为观察重点（上）[M]. 陈爱娥，黄建辉，译 . 上海：上海三联书店，2006.
[52] 陈秋计 . 矿山生态环境调查评价与修复研究 [M]. 西安：西安交通大学出版社，2023.
[53] 唐丽静 . 省级土地整治与生态修复标准体系研究 [M]. 北京：中国社会出版社，2024.

